JN271354

Messengers from Outer Space

宇宙からの使者

地球来訪の目的と使命

大川隆法

RYUHO OKAWA

まえがき

宇宙人からのメッセージシリーズの一つである。

「宇宙人リーディング」という私が新しく開発した手法により、何万年、あるいはそれ以上の昔に地球に飛来して地球人となった人の魂のルーツをリーディングし、宇宙人時代の意識をよみがえらせて宇宙人の秘密を探ろうとしているのである。

宇宙からの使者の多様性とその使命には驚かされる。この種の本は、黙々と数多く出し続けていくこと自体が証明になると思う。

二〇一一年　四月二十六日

幸福《こうふく》の科学《かがく》グループ創始者兼総裁《そうししゃけんそうさい》　大川隆法《おおかわりゅうほう》

宇宙からの使者　目次

まえがき　1

第1章　プロテクターの魂《たましい》を持つ木星人

対象者の「地球以外の星の記憶《きおく》」を探《さぐ》る　13
十五万年以上前に、木星の衛星エウロパから地球に来た　18
ゴリラとトドを合わせたような姿をしていた　25
ある宇宙人に拉致《らち》され、実験用として地球に連れてこられた　31
子孫のなかには北極の生き物に変わったものもいる　35
地球で修行《しゅぎょう》を繰《く》り返し、「光の天使」の仲間入りをした　38
南極時代には、「アルファーレ」という神人の護衛を務めた　40

「地球の敵や魔界《まかい》のものから教団を護《まも》る」という使命を感じる　43
勇気と強靭《きょうじん》な体力を持つ、「レプタリアン狩《が》りの名人」だった　45
元は金星にいて、金星人を護るプロテクターをしていた　50

第2章　実学志向のケンタウルス座α《アルファ》星人

対象者の「宇宙人の魂」を呼び出す　61
前章の木星人を拉致したのは私　67
われわれは宇宙旅行の際にタイムトラベルもできる　69
われわれの星は悪魔に乗っ取られたわけではない　73
思想的な対立によって、星から逃《に》げ出した人たちがいた　75
科学技術を発達させて、レプタリアンの侵略《しんりゃく》を防いでいる　79

宇宙の時間は「円環《えんかん》」であり、宇宙空間をグルグルと回っている 83
地球には、われわれの星から来た者が百万人ぐらいいる 85
外見は映画「猿《さる》の惑星《わくせい》」に出てくる猿に似ている 88
実学志向で、「美」よりも「科学技術」等に関心がある 92
人類的存在のルーツがどの星なのかは分からない 95

第3章　地球の危機を救いに来たベガ星人

「アイア」という美しい星からやって来た 103
アイアには男性・女性・中性がいて、外見は人間によく似ている 108
豪華《ごうか》客船のような大きな葉巻型《はまきがた》の宇宙船で地球に来た 114
高級通訳兼《けん》外交官として、ラ・ムーとテレパシーで交信した 118

着陸当時のムー大陸の様子　123
アイアとは「琴座《ことざ》のベガ」のこと　126
「愛と調和」の教えで地球を危機から助けようとした　130
オフェアリスの時代に女神《めがみ》イシスとして生まれた　133
ヘルメス時代にはエジプトに生まれ、仏陀《ぶっだ》時代には教団に布施《ふせ》をした　137

第4章　ベガ星から来た宇宙の放浪者《ほうろうしゃ》

泣きながら出てきた女性の宇宙人　145
ずいぶん長い間、宇宙を放浪していた　154
母船でクッキング担当をしながら、地球にやって来た　157
母星では「植物の品種改良」を研究していた　160

ラ・ムーを助けるため、「救援隊《きゅうえんたい》」に志願した　163
ムー侵略に加担していたレプタリアン系の宇宙人　166
金星ルーツの宇宙人たちが救援のために結集した　170
「地の果てまでも伝道せよ。」という言葉に激しく共鳴している　173
エル・カンターレに「始原の法」を説いていただきたい　174

第5章　ゼータ星に住んでいた猫《ねこ》型宇宙人

私は〝猫の星〟から連れて来られた　181
猫によく似た姿をしていて、体長は約三メートル　190
レプタリアンの食料としてゼータ星で飼われていた　193
宇宙船のなかで詩を書くのが得意だった　198

通信機械の代わりに使われている猫もいた　201
今世《こんぜ》、肉体を持って生活している本人へのメッセージ　202
猫や犬などを経由して、人間に生まれ変わるパターンもある　205
地球の人口が増えている本当の理由とは　208
「心の正しさ」を護ることが、魂のレプタリアン化を防ぐ唯一《ゆいいつ》の手段　211

第6章　「宇宙最強」を名乗る蟹座《かにざ》の宇宙人

天才しかいない「宇宙最強の星」からやって来た　219
ナポレオンやガリレオも、この星の出身　226
頂点にいる「ミスターX《エックス》」は、宇宙のメシアの〝勤務評定〟をしている　228
それぞれの星の指導者たちが、肉体を卒業して集まってきている　230

「地球レベルでの救済組織」に向け、教団の進化速度を上げたい 232
アイアンマンのような姿で全宇宙を飛び回っている 236
直近では「水爆《すいばく》の父」サハロフ博士《はかせ》として生まれた 240

あとがき 249

「宇宙人リーディング」とは、地球に転生《てんしょう》してきた宇宙人の魂《たましい》の記憶《きおく》を読み取ることである。あるいは、宇宙人当時の記憶を引き出してきて、その意識で語らせることもできる。その際、宇宙人の霊《れい》は、霊言《れいげん》現象を行う者の言語中枢《げんごちゅうすう》から必要な言葉を選び出し、日本語で語ることも可能である。

第1章

プロテクターの魂《たましい》を持つ木星人

［二〇一〇年六月十八日収録］

木星の衛星エウロパの宇宙人

木星の第二衛星エウロパから地球に連れてこられた宇宙人。衛星エウロパは、ガリレオ・ガリレイによって発見された四つの大きな衛星（ガリレオ衛星）の一つで、全体が厚い氷で覆《おお》われているが、氷の下には海が存在すると考えられている。

［対象者（男性）はAと表記］

対象者の「地球以外の星の記憶《きおく》」を探《さぐ》る

大川隆法　昨日《さくじつ》（二〇一〇年六月十七日）は、沖縄《おきなわ》で「宇宙人リーディング」をしたのですが（『宇宙からのメッセージ』〔幸福の科学出版刊〕第二部参照）、まだ調べ足りていない部分があります。そこで、本日も、幸福の科学の職員数名に対して、「宇宙人リーディング」を行いたいと思います。

特に、「あの〝角張《かどば》っている人〟を調べてはどうだろうか（笑）」という、リクエストの声もあったので、最初に、彼について、宇宙人の魂の有無などを見てみたいと思います。

（会場を指して）質問等がありましたら、あとでお聞きしますが、まずは調査をしなければなりませんね。

（深く息を吐《は》く。Aに両手をかざす。やがて右手だけをかざし、右手をゆっくりと上下左右に動かす。約三十秒間の沈黙《ちんもく》）

ふーん。これは、変わっていますね。はい。絶対にいます。宇宙人の魂がいますね。かなり古いものがいます。

（Aに両手をかざし、ゆっくりと上下に動かす）

これは新種ではないかと思いますね。おそらく新種です。今までの「宇宙人リーディング」には出てきていません。面白《おもしろ》い形をしているような気がします。

では、トライしてみましょうか。

（Aに）合掌《がっしょう》・瞑目《めいもく》をして、心を丸く、丸く、丸く、丸くしてください。心を丸くして、緊張感《きんちょうかん》を解いてください。緊張感や恐怖心《きょうふしん》をすべて解き、解放してください。あなたは完全に安全です。いかなる霊的《れいてき》現象が起きても、あなたは安全です。護《まも》られています。

（約十秒間の沈黙）

この者のなかに宿りたる、宇宙人の魂よ。この者のなかに宿りたる、宇宙人の魂よ。かなり古いと思われますけれども、確かに、この者のなかに宇宙人の魂が息づいているのを感じています。

（Aに右手をかざし、ゆっくりと円を描《えが》く）

この者のなかに宿りたる、宇宙人の魂よ。私の声が聞こえるでしょうか。もし、私の声に、あなた自身の言葉で答えることができるようなら、合掌の手を上に上げてください。もし難しければ、下げてください。あなたが答えられるようなら、合掌の手を上に上げてください。難しければ、下げてください。

（Aに両手をかざす。約二十五秒間の沈黙）

もう少し肩《かた》の力を抜《ぬ》いて、リラックスしてください。どのようなものが出ても、みな、慣れていますから、大丈夫《だいじょうぶ》です。

どうですか。宇宙人の魂よ、出てこられそうでしたら、合掌の手を上げるなり、叩《たた》くなりしてください。無理なら、下げてください。

（Aに右手をかざし、小刻みに動かす。約三十五秒間の沈黙）

ん？　ん？　行けますか。うん？　何か言いそうですね。言いそうですね。

（Aに両手をかざす。約二十五秒間の沈黙）

リラックスしてください。あなたは、もう現代人ではありません。リラックスしてください。地位も何もかも忘れてください。はい。名前も家族もみな忘れてください。あなたは、もともとの宇宙の魂に戻《もど》っていきます。

（Aに右手をかざし、ゆっくりと円を描く）

どうですか。

では、簡単な質問をしますから、答えてみてください。

あなたは、男性ですか、女性ですか。

あなたは、男性ですか、女性ですか。

難しい？

あなたには「地球以外の星の記憶」がありますか、ありませんか。あったら、「はい」、なかったら、「いいえ」と、お答えください。


（約二十秒間の沈黙）

（司会に）時間節約のため、私のほうに入れます。あなたは、口はしっかりしていますよね。まず、司会のほうから質問していただき、そのあと、本人からも訊《き》いていただきましょうか。

（両手を胸のところまで上げ、小刻みに動かす）

この者に宿りたる宇宙の魂よ。かなり古いと思われますけれども、この者に宿りたる宇宙の魂よ。大川隆法のなかに入《はい》りて、その口を借り、真実を語りなさい。この者のなかに宿りたる、宇宙の魂よ。大川隆法のなかに入りて、真実を語りなさい。

（約十秒間の沈黙）

十五万年以上前に、木星の衛星エウロパから地球に来た

木星の衛星エウロパの宇宙人（以下、「木星人」と表記）　ハア、ハア、ハア、ハア、ハア、ハア、ハア、ハア、ハア、ハア、ハア、ハア、ハア。ハッ、ハッ、ハッ、ハッ、ハッ、ハッ、ハッ、ハッ。空気が薄《うす》い。ハア、ハア。

司会　あなたは、どちらから来られた方《かた》ですか。

木星人　あ？　空気が薄くて、ハア、酸素ボンベがないと、ハア、ハア、ハア、息

ができないではないか。ハア、ハア、ハア。

司会　酸素の多い星から、やってこられたのですか。

木星人　え？　ここは酸素が薄い。とても薄い。酸素が薄いし、ハア、重力が重くて……。ああ。酸素が薄いし、重力があって、体が重いなあ。

重力が重いので、足が肥大化して困るんだ。足がすごく重くて、ああ、このままでは足がむくんでしまう。ああ。足がむくんで、地面に食い込《こ》んでいく。ハア。私は、なぜ、こんなに体が重いんだ。ハア、ハア、ハア、ハア。

司会　かなり昔に来られたようですが、どちらの星から、いつごろ……。

木星人　え？

司会　どちらの星から、いらしたのでしょうか。

木星人　君、君、な、なんだい、君は。

司会　私は幸福の科学の者でございます。

木星人　ああ。

司会　今、大川総裁の秘儀《ひぎ》でもって、この方（A）のリーディングをさせていただいております。

木星人　ああ。ああ。ああ。そうか。そうか。君、敵だな？　君、敵、敵だろ？　敵だ、きっと。

司会　といいますと、あの……。

木星人　敵だ。君、敵だ。

司会　どちらの星の方でしょうか。

木星人　君、敵だな。おお。わしを警戒《けいかい》しているだろう、君。

司会　私は「愛の星」から来ましたので、すべての方と調和してやっていける宇宙人です。（注。司会者はプレアデス星団から地球に転生してきている。『宇宙からのメッセージ』第６章参照。）

木星人　君、敵だ。君、敵だ。うん。君に見張られたら、いけないんだ、私は。

司会　というと、彦星《ひこぼし》であるアルタイルから来た……。

木星人　いや、違《ちが》う、違う、違う。そんな所ではないんだ。いや、いや、そんな所ではないんだよ、君。君、君、君、君、君、君、君、私たちの存在は、まだ発見されていないんだ。君、君、君、君、君、君、君、君。

司会　どちらから、お越《こ》しになられたと……。

木星人　それがだなあ、ここだけの話だけどな、意外に近いんだ。太陽系なんだ。

司会　太陽系ですか。

木星人　うん。太陽系に潜《ひそ》んでいるんだ、実は。

司会　まだ発見されていない太陽系ですか。

木星人　いや、この地球のある太陽系なんだ。

司会　水星？

木星人　いや。

司会　木星？

木星人　いや、木星の衛星なんだ。

司会　木星の衛星ですか。

木星人　そうだ。

司会　ああ、確か、有名な大きな衛星がございましたね。

木星人　そうです。

司会　名前は何といいましたか……。

木星人　エウロパです。

司会　エウロパですね。

木星人　ええ。エウロパから来たんです。

司会　いつごろ、いらっしゃいましたか。

木星人　うーん。時間は、よくは分からないけれども……。うーん。うーん。いや、ムーもアトランティスも知っているから、それより前であることは間違いないな。うん。南極が暖かかったころだと思う。南極が暖かくて、穀物が穫《と》れたころだ。そのころに来た。（注。現在とは地球の地軸《ちじく》の位置が異なり、南極大陸が温暖な気候の下《もと》にあった時代もある。『太陽の法』〔大川隆法著、幸福の科学出版刊〕第5章参照。）

司会　それは、どのくらい前になりますでしょうか。

木星人　うーん。十五万年以上前かなあ。

司会　十五万年以上前に。

木星人　そのころに来た。

ゴリラとトドを合わせたような姿をしていた

司会　どのような目的で、地球にいらっしゃったのですか。

木星人　うん？　目的？

司会　はい。

木星人　うーん。わしの星はだな、ちょっと寒いんだよ。うん。だから、もう少し暖かい所に住みたくてなあ。

わしの星では、よく氷が張るんだ。だから、氷を融《と》かさないと飲み水ができないし、氷のままで、かじっていたので、歯がとがってね。すごく歯がとがってきて、自分でも、鏡を見ると嫌《いや》になるんだ、この顔を見ると。こんなに歯がとがって伸《の》びてくるのでは嫌なので、もう少し暖かい所に行こうと思ってな。
地球は見えていたので、エウロパから来たんだけど、岩石と氷が多い所だったと思う。
木星の本体のほうは、ガスが多くてズブズブなんだよ。だから、中心まで入らないと、核《かく》の部分がないんでな。そこまで、ズブズブの、ドロドロのガス体のなかに深く入っていかないと、足場がないので、表面に住むのが、とても難しいんだ。だから、衛星のほうに住んでいたんだけどな。

司会　そうですか。

木星人　うん。だけど、氷と寒さが少しこたえるので……。わしは、氷をかじっていたので、歯がとがって、とがって、角張《かどば》ってなあ、こう（両手で、口から長い牙が生えている様子を示す）……。

司会　そのほかの外見は、どのような……。

木星人　あん？　外見？　外見は毛むくじゃらだよ。だから、長い毛がたくさん生えている。ゴリラに似ているな。ゴリラより毛が長いかな。長い毛が生えている。足は、そんなに長くなかったんだけれども、地球に来て、何だか足のほうにむくみが来てねえ。重くって、何だかズボズボと……。重力が違うのかなあ。

司会　身長は、二メートルか三メートルぐらい、おありですか。

木星人　身長は、どのくらいあるかなあ。うーん。二メートル五十ぐらいかな。

司会　大きいですね。

木星人　うーん。

司会　地球の動物でたとえるならば、どのようなものになりますか。

木星人　うーん。地球の動物でたとえると、ゴリラとトドを合わせたような動物かなあ。そんな感じだね。

その星は、表面には氷が張っておるのだが、その氷を割って潜《もぐ》れば、水はあるんだ、下には。だから、下では泳げるんだけど、上は氷なんだな。氷の下には、ちゃんと水はあるんだ。

司会　ああ。両生なんですね。

木星人　ゴリラにも似ているが、ゴリラは水のなかには住めないから、うーん、オットセイやトドのようなものにも、ちょっと似ているような……。

司会　はあ。非常に珍《めずら》しい宇宙人ですね。

木星人　だから、そんな形なんだ。いちおう水陸両用ではあるんだけれども、ただ、長い牙が二本生えているのが特徴《とくちょう》で、前歯も、けっこうギザギザだな。

「木星の衛星エウロパの宇宙人」想像図

司会　その星の方《かた》は、どのような宗教というか、教えを学んでいらっしゃるのですか。

木星人　宗教？

司会　はい。

木星人　宗教はだなあ……。まあ、まあ、まあ、宗教は原始的なので、言うのが恥《は》ずかしいなあ。あなたは私を監視しているから、恥ずかしいな。

宗教は原始的で、どうやったら魚が……、いちおう、魚に似た生き物はいるんだよ。氷を割って水に潜ったら、魚に似た生き物がいるんだけど、寒い所だから、日本のというか、地球の魚のようではなくて、外側に、甲殻類《こうかくるい》のような、すごい鱗《うろこ》のある魚なんだ。古代魚《ぎょ》のようなものがいる。

そういう、今の普通《ふつう》の人間なら歯が立たないような魚、装甲車のように体を固めている魚を、歯で捕《つか》まえて、持ち上げていき、氷の上で食べるんだね。うん。あ、宗教？　ああ、宗教。だから、宗教は……、う、う、「たくさん魚が獲《と》れますように」と拝む宗教ぐらいしかない。

司会　そうですか。

木星人　ああ。

ある宇宙人に拉致《らち》され、実験用として地球に連れてこられた

司会　そういうあなたが地球に来られた目的は何だったのでしょうか。

木星人　うーん。それがなあ……。うーん。だから、あるとき、変なやつがやってきたんだよ。変なやつがやってきてねえ。

氷河の麓《ふもと》に、ものすごい、明るく光る物が落ちてきたので、他《た》の者たちと一緒《いっしょ》に

見に行ったんだ。「何が落ちたんだろう」と思って見に行ったら、そこに、円盤《えんばん》のようなものが、不時着みたいなかたちで着陸していて、その円盤のなかから、体から金色の光が出ているような人たち、コスチュームを着ているような男女が出てきてね。そして、私たちを見て、「こんな珍しい生き物がいるから、これを捕獲《ほかく》しないか」という相談をしていた。

私たちは、みんな、いっせいに湖のほうへ逃《に》げたんだけれども、私は足が遅《おそ》かったので、捕まったんだよ。捕獲され、円盤のなかに引きずり込まれてしまった。そこでは何か会議をしていて、「これは、地球であれば飼えるのではないか」という話をしているのが分かった。

彼らは、私に知能があることを理解していなくて、私を動物だと思っていたが、こちらは動物ではないんだ。人間なんだ。

司会　はい。

木星人　だから、人間……、まあ、私は、自称《じしょう》、「木星人」だ。住んでいたのは木星ではないけれども、まあ、木星の近所の木星人だ。

司会　はい。

木星人　だから、木星人に対して、非常に失礼な言い方をしていたし、私を動物扱《あつか》いして捕獲し、檻《おり》に入れ、地球に持って行った。地球には、氷の張った所もあれば、温暖な所もあるので、「最初に連れて行くのは、氷がある所でもいいけれども、次に、温暖な所に連れて行ったら、この生命体は、どのように変化するか、それを見てみようか」というようなことを話し合い、実験用として私を拉致《らち》したんだ！

司会　はあ。

木星人　許せないだろう？　許せない。

司会　では、お一人だけ連れ去られ、肉体のまま、UFOで地球に来られたのでしょうか。

木星人　いや、もう一匹《いっぴき》、連れてこられたものがいる。

司会　はい。

木星人　これは、いちおう、若い女性だ。女性が、もう一匹……、いや、もう一人だ！　何を言っているんだ（会場笑）。もう一人、連れてこられて、二人、オスとメス……、いやいや、オスとメスではない（会場笑）、男性と女性が連れてこられ、「地球の環境《かんきょう》に適応するかどうか」ということを実験されてしまったんだ。

だから、円盤で来たことは来たけれども、それは、自分たちでつくった円盤ではない。そのときの円盤は、うーん、そう大きいものではなかったな。木星から地球まで飛べる程度の円盤なので、直径三十メートルぐらいの円盤……。

司会　どこの星の方に連れてこられたのですか。

木星人　うーん。彼らは……、うーん、うーん、「ケンタウルスの」と言っていたような気がするんだが。ケンタウルスの、ケンタウルスの……、α《アルファ》星、「α」と言っていたような気がするな。

司会　ああ、そうですか。

木星人　うん。

子孫のなかには北極の生き物に変わったものもいる

司会　地球に来られてからは？

木星人　最初は、冷たい海のほうで観察されて、そのあと、当時は、今の南極が温暖だったので、南極のほうで住めるかどうか試され、次に、穀物を食べられるようになるかどうか実験されて、それから、「とがった歯を碾臼《ひきうす》のような歯に変えられないかどうか」というようなことを、医学的、科学的に観察された。

だから、その間《かん》、非常に屈辱《くつじょく》は感じたな。うん。「太陽系をなめとる」と思って、怒《いか》りがかなり込み上げることが多かった。

司会　では、肉体的な子孫が増えて、地球に遺《のこ》っていったわけですね。

木星人　オスとメスを一《ひと》つがい連れてきたので、彼らは、悪いことをするんだよ。交配実験をするんだ。みんなが見ている前で、そんな交配実験をするので、もう、恥ずかしい、恥ずかしい。

司会　うーん。

木星人　こちらは人間なのにねえ。みんなに見られていて、こちらが「恥ずかしい」と思っているのに、向こうには何とも思っていないところがあって、子孫がつくれるかどうか、見られた。そして、ある程度、数は増えて……。

司会　そうですか。

木星人　いやいや、だけど、「地球での適応能力は、あまり高くない」というような結論になり、子孫は、あまり繁栄《はんえい》はしなくて、魂のほうは、人類型のほうに、人《ひと》型《がた》のほうに乗り換《か》えていくパターンが多くなってきた。残りの、体をそのまま維持《いじ》していた種族のものは、しだいに、今で言えば、やはり、北極辺りに住んでいる生き物などの体のほうに変わっていってると思うね。

司会　では、今、地球に来ている人数は非常に少ないのですね。

木星人　そうですね。ただ、ほかにも実験しているかもしれないので……。

司会　ああ、そうですね。

木星人　私の受けた実験は、そういうことなんだ。

司会　分かりました。

木星人　ただ、捕獲されて、「食べられるのか」と思ったんだけど、彼らは食べるために捕獲したのではなかったので、それについては「よかった」と思って、神に感謝している。

地球で修行《しゅぎょう》を繰《く》り返し、「光の天使」の仲間入りをした

司会　今、あなたは、主エル・カンターレの直弟子《じきでし》として、教団内の重要な役目に就《つ》いておられます。

木星人　私は木星の代表だからね。だから、「太陽系を護る使命がある」と思っている。ええ。

司会　エル・カンターレとのご縁《えん》は、どういうところにおありなのですか。

木星人　だから、南極で会ったんだよ。今の南極がまだ温暖だった時代に会ったんだ。そういう〝南極時代〟に、お会いした。確かに、お会いした。

その当時は何と名乗っておられたかなあ。

南極が温暖な大陸で、小麦のようなものがかなり生えている時代であり、周りには海産物もたくさんあって、豊かな南極だったと思うんです。

そのときは、うーん、何という名前だったかなあ。うーん。今知られている名前ではない名前を使っておられたと思うんですけど。うーん。うーん。まあ、「アルファ」という名前によく似た名前だったと思うんですけれども……。「アルファ」という名前によく似た名前の神人《しんじん》でしたね。そして、やはり、宇宙のさまざまな種族との交流をやっておられましたね。

私は、最初は地球に適応するのがかなり困難でした。実際には、そのような実験に使われていて、まあ、帰国子女風に、あとから、後れた学力で入ったんだけれども、もともと努力・精進《しょうじん》をする力が非常に強かったので、努力・精進を続け、しだいに他の者たちを追い抜いていくようになりました。

また、もともとの体力が非常に強かったので、どちらかというと、ウォリアーというか、戦士として登用されたときに活躍《かつやく》することが多く、しだいに頭角を現すようになり、隊長や司令官などを任されるようになってきたわけです。

だから、「地球で修行《しゅぎょう》を繰《く》り返しているうちに、だんだん、いわゆる光の天使の仲間入りをするようになってきた」ということかな。

南極時代には、「アルファーレ」という神人の護衛を務めた

司会　では、エル・カンターレのご分身である、ラ・ムー様、トス様、リエント・

アール・クラウド様、ヘルメス様等とは、ご縁がおありになるのですね。

木星人　そうですね。それぞれのときに。

確か、南極時代にお会いした方は……、ア、アルファ、アル、アル、アルファー、「アルファーレ」と言ったかなあ。アルファーレという名前だったような気がするんですけど。アルファーレという名前の神人だったと思うんです。

アルファーレという、その偉大《いだい》な指導者が、私が戦いで傷ついているときに治してくれたんですよ。ヒーリングパワーで治してくれて、お世話になったんですよね。

それで、それ以降、そのアルファーレの護衛をしようと決意して、お護りしました。幸い、もともと、強い牙と爪《つめ》、寒暖の差に耐《た》える強い皮膚《ひふ》、そういうものを持っていて、地球の生き物よりは全体に強い力を持っており、護衛などに向いているので、そんな仕事をやっていた。

でも、あなた（司会）の星の人たちが私に知識教育をするので、あれには参ってしまって……。いろいろと勉強させようとするんですよね。例えば、信仰《しんこう》だったら、信じれば、もう、それでいいではないですか。それなのに、信じるだけではなくて、何だか、いろいろと教学《きょうがく》をやらせようとするんですが、勉強しても、それがなかなか頭に入らなくて、本当に苦しんだことを覚えている。

だから、地球で脳をつくり変える過程があって、何代にもわたり、脳をつくり変えることもされたんですよ。

私は、とてもかわいそうな人なんです。ええ。

司会　しかし、あなたは、直前世《ちょくぜんせ》では、吉田松陰《よしだしょういん》先生の一番弟子とも二番弟子とも言われていました。

木星人　そうなんです。もう、進化、進化、進化に進化を遂《と》げてですね、それは、もう、進化に進化を遂げて、もう、超特急《ちょうとっきゅう》で進化したんですよ。

司会　知性も勇気も備えた方だと聞いております。

木星人　それはそうです。私は、いわば木星の王様ですから。ええ。

「地球の敵や魔界《まかい》のものから教団を護《まも》る」という使命を感じる

司会　そういうあなたは、今世《こんぜ》において、ご自分のどういう強みを生かし、どのような使命を果たしていきたいと思っておられるのでしょうか。

木星人　そうですね、今、私は「英雄《えいゆう》の魂」と言われているので、やはり、それを生かさなければいけないと思うのです。これから戦線が広がっていくに当たりまして、「あらゆる地球の敵を打ち下《くだ》し、あらゆる魔界《まかい》のものから教団を護《まも》る」ということですね。

「木星パワーをフル回転させ、そういう異次元パワーによって、地球や教団を護りたい」と思っております。ええ。遠い星から来た人が大勢いるなかで、太陽系出身として、強い自覚、使命感というものを感じています。

司会　はい。ありがとうございます。

木星人　もう一度、言います。

私は、木星の衛星にいましたけれども、動物ではなく、きちんとした人間だったのです。そこでは、それが人間だったのです。ええ。知性は人間だったのです。

ただ、その生活自体は、やや原始的に見えたかもしれません。しかし、地球にも、人間がそういう原始的生活をしていた時代は、たくさんあったわけですから。

おそらく、私は〝秘密兵器〟として連れてこられたんだと思うのです。

司会　はい。

木星人　当時の地球は、凶暴《きょうぼう》な、恐竜《きょうりゅう》の仲間のようなものが、まだ数多く棲息《せいそく》していた時代でした。恐竜の仲間が死滅《しめつ》したのは、最終的にはアトランティスの時代であり、それまでは存在していました。だから、その恐竜の種族たちに、人類がかなり攻撃《こうげき》を受けておりましたので、たぶん、対恐竜用兵器というか、兵士として選ばれて来たのではないかと思っています。

司会　はい。

勇気と強靭《きょうじん》な体力を持つ、「レプタリアン狩《が》りの名人」だった

司会　（Aに）何か質問はございますか。

A――　そうですね、「私の魂は革命の時代によく生まれている」ということを、以前のリーディングでお伺《うかが》いしたのですが、私は、どういう特徴を持った魂なのでしょうか。

木星人「勇気」だね。「氷を割って湖に飛び込み、猛魚《もうぎょ》を捕まえて食べる」ということには、ものすごい勇気が要《い》るので、いちばんの勇者が王様なんですよ。だから、もともと、その星は「勇気の星」だったんですね。

環境が過酷《かこく》であったので、やはり、勇気と、強靭《きょうじん》な体力、精神力、チャレンジ力、それから、サバイバル力、こういうものがないと、生きていける星ではありません。ええ。そういうサバイバル力がすごく強いですね。サバイバルし、そして、勇気を持って行う。

だから、低い身分や立場、悪い環境に置かれても、そこから立ち上がってくる力のようなものが、とても優《すぐ》れている魂なんですね。

外見だけを見て差別してはいけません。レプタリアン（爬《は》虫類《ちゅうるい》型宇宙人）のようなものに何度も地球は攻撃されたんです。そういうものと戦うのは、私のようなものしかいないんですよ。二・五メートルもあり、巨大《きょだい》な牙を持った、水陸両用の戦士です。

こういうものでなければ、地球人類を護ることはできなかったので、私は守護神だね。「守護神として来た」ということです。「地球の光の天使となった」とも言ったけれども、ある意味では、もともと守護神ではあったわけです。太陽系の守護神として、地球に連れてこられた。

だから、私を拉致した宇宙人は、たぶん、ひ弱なのではないかと思う。科学技術では進んでいたけれども、ひ弱な宇宙人であり、自分たちは弱いので、私のような強い人間を連れてきたんですね。

レプタリアンのようなものに人類が食べられたりしているのを見るに見かねて、「こういう人に護ってもらえ」ということで、私を連れてきた。そして、たぶん、私の種族を増やして、そういう軍隊をつくろうとしたのではないかと推定するんですけどね。

A――　レプタリアンについては、どう考えていますか。

木星人　レプタリアンですか。レプタリアンに人が食べられるのを、ずいぶん、私は見てきましたよ。

だから、人が食べられているのを見たら、私は、やはり、四つ足で、駆《か》けつけていきました。申し訳ないですが、四つ足だと、やはり動物に見えますかね。でも、二本足でも立てたけど、四つ足でもいけて、脚力《きゃくりょく》と腕力《わんりょく》がすごく強かったね。

レプタリアンに人が食べられかかって、警報が鳴ったら、私が出動していました。道具も、いろいろと出てき始めていたので、槍《やり》などを持って戦いました。私は、「レプタリアン殺しの名人」「レプタリアン狩《が》りの名人」でしたね。

だから、「レプタリアンが人間を食べようとしている所に行って、レプタリアンをやっつける」ということをしていたんです。私は槍の名人でした。投げ槍が得意で、二十メートルぐらい離《はな》れた所から槍を投げ、レプタリアンの首などにプスッと刺《さ》し、一撃で倒《たお》してしまうのです。

そのようにして人類をずいぶん救ったので、これが光の天使になれた理由だと思います。守護神ですね。

A――　では、あなたというか、私は、「レプタリアン系」と言われているアングロサクソンには、あまり生まれていないのでしょうか。

木星人　うーん。どちらかというと、気持ち的には、「迫害《はくがい》を受けているようなところを助けに行きたい」という心境が強いことは事実です。弱きを助ける気持ちは非常に強いので、「マイナーなほうに行き、加勢して戦う」というようなことが、好きは好きでしたね。

だから、外見だけで判断してはいけない。私の敵はレプタリアンだったのですから。レプタリアンと戦うには、そのくらいの武力は必要でした。

（司会に）あなたとは戦ったわけではないけれども、あなたの種族（プレアデス星人）は、長く、われわれを監視していました。「地球発のレプタリアンに変わるのではないか」と思い、ずっと見ていて、そうならないように教育し、われわれに教養を身につけさせようと努力していたように見えますね。

そういう監視をされていることを、はっきりと感じていました。

司会　よい意味では、協力関係でいけたのでしょうか。

木星人　いや、まあ、本当に「早稲田《わせだ》と慶応《けいおう》」のようで……。

司会　（笑）（会場笑）

木星人　本当に、もう一つ「水と油」のところはあるんですけど。

やや高飛車に見ているような印象を受けましたね。

A――　木星の前は、どこか他の星にいたのでしょうか。

元は金星にいて、金星人を護《まも》るプロテクターをしていた

木星人　木星の前ですか。木星の前はねえ、木星の前はねえ、うー、うー、木星から地球に来たのが、もう十数万年前だから、うーん、それより前だと……、おお、ありますね。その前も、あることはあるな。うん。

私は、昔、船団で移動しようとしたときに、はぐれたんですよ。太陽系から、みんなで、遠い所に行こうとしていたんですけど、そのときに、私の乗った宇宙船が故障したんですよね。何かエンジントラブルのようなものを起こして、とりあえず、近くの星に着陸したので……。

あ、金星だ！　金星から、みんなで脱出《だっしゅつ》したときに、木星の近くでエンジントラブルを起こし、「何とか住めるのではないか」と思う所を選んで、そこに着陸しましたが、やがて、その星に合った体に変わったんだと思います。元は金星にも住んでいたと思いますね［注］。

だから、外見は、ずいぶん変わってしまいましたけれども……。

A――　そのころは人間型だったのですか。

木星人　いえ、人間型ではありませんでした。

A――　（笑）

木星人　金星にも、いろいろなものがいました。人間型のものが多いことは多いんですけれども、金星のなかで、何というか、最も強い種類のものがいて、これは、やはり、金星のなかでプロテクターの役割をしていたものなんです。

エジプトの神話には、「アヌビス」という、頭がオオカミか何かで、体が人間のようなものが出てきます。あれと同じではないんですけれども、当時の私は、頭がややヒョウに似ていました。

アヌビスって、ありますでしょう？　犬かオオカミに似た頭で、手足や体は人間ですね。

あのアヌビスのように、当時の私は、首から上がヒョウに少し近い感じの外見をしていて、普通の金星人とは違うんですけど、いちおう人間の体や手足はあるので、人間は人間なんです。

金星人にも、こういう、プロテクターとしての種族がいました。金星人が平和に暮らせるように、金星人を護《まも》っている〝プロテクター族〟が、いちおういて、これも、やはり守護神ですね。金星の守護神役をしていたんです。

たぶん、この一部が地球に来て、それがエジプトの神話になっているのではないかと思うんですね。金星から分かれたんだと思うんです。私は木星の近所に不時着してしまったんですけれども、直接、金星から地球に来たものもいて、その姿が遺っていると思います。

だから、私は、金星にいたときの外見も、いわゆる金星人とは少し違っていたと思う。

「プロテクター」というのが、私の魂の基本的な刻印ですね。

司会　分かりました。「勇気と正義で地球を護るプロテクター」ということですね。ありがとうございました。

木星人　ああ、そうです。

最初の説明では、ゴリラと、オットセイと言いましたか。トドと言いましたか。そういう言い方をしたので、みなさんに勘違《かんちが》いをされ、イメージがすごく悪くなったかもしれませんけど、「悪い環境でも戦える、サバイバル能力がとても高い、強靱な肉体をしていた」ということが言いたかっただけです。

ただ、歯がとがっていたことは確かです。武器の一つであったので、歯や爪はとがっていましたが、それは、レプタリアンだからではなく、「彼らとの防衛戦をするための武器を持っていた」ということですね。

だから、「いざというときには、レプタリアンをかみ殺すぐらいの力があった。レプタリアンより強い者がいた」ということを知っていただければいいんです。

「地球にも、レプタリアンより強い者がいた。ただ、数が多くなかったので、選ばれし者だった」ということですね。ええ。

司会　分かりました。ありがとうございます。

木星人　はい。

大川隆法　ご苦労さまでした（笑）。はい。立場上、よかったかどうか、分かりませんが。

司会　次は○○さん（対象者B）です。

大川隆法　想像図が描《か》けるかな（笑）。

司会　でも、金星系でよかったと思います。

大川隆法　そう、金星系なんですね。

司会　本当によかったと思います。

大川隆法　「元は金星だけれども、種類が違う」ということですね。

A――「ケンタウルスの人に拉致された」と（笑）。

司会　（笑）「ケンタウルスの人に拉致された」と言っていましたね。

大川隆法　次の人（B）が（笑）（会場笑）、もしかすると……。

A――　拉致した？

司会　何か、ご縁があるかもしれませんね。

〔注〕太陽系においては、かつて金星に高度な文明が発達したが、火山の爆発《ばくはつ》等で環境が悪化したため、一部の金星人たちはプレアデス星団や琴座《ことざ》のベガなど他の星へ移住し、残りの金星人霊たちは、約四億年前に地球に移住して、地球霊団の創設に参画した。『太陽の法』『「宇宙の法」入門』『宇宙人との対話』『宇宙人リーディング』『宇宙からのメッセージ』（いずれも幸福の科学出版刊）参照。

第2章

実学志向のケンタウルス座α《アルファ》星人

［二〇一〇年六月十八日収録］

ケンタウルス座α《アルファ》星人

ケンタウルス座α星から来ている宇宙人。『宇宙人との対話』の第6章に登場する宇宙人（女性）もケンタウルス座α星人であり、彼女は、「私は星の宗教指導者であったが、悪魔《あくま》の勢力に負けたため、大船団を組んで星を脱出《だっしゅつ》し、何十年もかけて地球に来た」などと語っていた。

［対象者（男性）はBと表記］

対象者の「宇宙人の魂《たましい》」を呼び出す

（Bが席に着く）

B――　よろしくお願いいたします。

大川隆法　では、呼吸を整えてみてください。

（Bに右手をかざし、四回、深呼吸をする）

ああ、間違《まちが》いないですね。この人も間違いありません。はい。「宇宙人の魂《たましい》」が入っています。

では、合掌《がっしょう》してくれますか。はい。緩《ゆる》やかに合掌してください。

（瞑目《めいもく》し、Bに両手をかざす）

この者に宿りたる、宇宙の霊《れい》よ。この者に宿りたる、宇宙の霊よ。宇宙の魂よ。もし、この者の口を通して語ることができるなら、その合掌している手を上下《じょうげ》に振《ふ》ってみてください。もし、話すことができないようでしたら、合掌を解いてください。話すことができるようでしたら、合掌している手を、緩やかに振ってみてください。話ができないようでしたら、合掌を解いてくださって結構です。

（約二十秒間の沈黙《ちんもく》）

ああ、もしかしたら、話せるかもしれない。

（Bに右手をかざし、円を描《えが》くように回す）

どうですか。もう少し柔《やわ》らかく、柔らかく、柔らかい感じです。柔らかい感じ、綿《わた》のような柔らかい感じを持ってください。力を入れないで、柔らかい感じを持ってください。

はい、はい。宇宙の魂よ、表面のほうに出てきてください。表面のほうに出てきてください。表面のほうに出てきてください。

あなたは、男性ですか、女性ですか。

男性ですか。女性ですか。

男性ですね。男性だったら、うなずいてみてください。男性ですね。

（かざした右手を前後に動かす）

はい。では、もう少し出してみましょう。もう少し表《おもて》に出してみましょうか。もう少し表に出てきましょうか。

表面のほうに、表面意識のほうに、もう少し出てきてください。もう少し出てきてください。

（かざした右手を、円を描くように回す）

はい、はい。あなたは、もうすぐ答えられます。もうすぐ答えられるようになります。

あなたは宇宙から来た方ですね。宇宙から来た方でしょう？　どうですか。宇宙から来ましたね。はい、はい。うなずいていますね。そうですね。宇宙から来た方ですね。はい。

さあ、どのような質問からだったら、答えられるでしょうか。

（司会に）易しい質問を何か考えられますか。まず、言語中枢《ちゅうすう》を使う練習をしないといけないので。

司会　そうですね。

あなたは、どこから来られましたか。あなたは、どこから来られましたか。

大川隆法　あなたの星は、どこですか。

この人は話せると思います。もう少しですね。

（かざした右手を前後に動かす）

出てこい。出てこい。出てこい。出てこい、もう少し。

あなたの星は、どこですか。

出てこい。出てこい。出てこい。出てこい。表面に出てこい。表面に出てこい。

ケンタウルスという名は付きますか。ケンタウルスという名が付きますか。「はい」か、「いいえ」か、どちらかを言ってください。

（かざした右手で円を描く）

はい。何も怖《こわ》くありませんよ。何も怖くありませんよ。完全に安全ですから。完全に安全です。大丈夫《だいじょうぶ》ですから。

はい。双子《ふたご》のことを考えるのはやめましょう（Bには双子の子供がいる）。

はい。完全に安全ですから。きちんと元に戻《もど》りますから。元に戻りますから、話しても大丈夫ですよ。霊的に話しても大丈夫です。きちんと元に戻しますから。ケンタウルスの名前が付いていますか。

（約二十秒間の沈黙）

少し時間がかかるかもしれませんね。少し難しい？　うーん。

（司会に）では、こちらで引き受けましょうか。

司会　お願いします。

大川隆法　少し時間がかかりますね。

（瞑目し、両手の拳《こぶし》を胸の前で握《にぎ》り締《し》める）

この者に宿りたる、宇宙の霊よ。この者に宿りたる、宇宙の霊よ。私のほうに引き取りますので、どうか私のほうに入ってください。

（約二十五秒間の沈黙）

前章の木星人を拉致《らち》したのは私

ケンタウルス座α《アルファ》星人〔以下、「ケンタウルスα」と表記〕　○○さん（A）には、たいへん申し訳ないことをしました。すみませんでした。本当に、本当に、すみませんでした。そんなにつらい思いをされているとは知らなくて……。

あなたをさらったのは私です。すみませんでした。本当に申し訳ない。そのご縁《えん》で、今……。

A――　そのご縁ですか（笑）。

ケンタウルスα　一緒《いっしょ》に仕事をさせていただき、部下として仕《つか》えさせていただいておりますので、どうぞ許してください。すみませんでした。

たまたま、たまたま木星の近くへ行ったときに、生き物がいることを発見してつしまったんです。だから、調査捕鯨《ほげい》のように調べに行ってしまい、そして……。申し訳ございませんでした。

まさか、そんな偉《えら》い方とは存じ上げず、私は、生き物を捕獲《ほかく》したつもりであったので、たいへん申し訳ございません。そんな高度な知性を持っておられる方とは知らなかったのです。「何か生き物がいた」と言うので……。すみません。木星の衛星に生き物がいたので、捕獲してしまい、申し訳ございませんでした。

「男女を一《ひと》つがい捕《と》ってくれれば、子孫がつくれる」と思い、実験もたくさんしてしまいまして、本当にすみませんでした。本当に失礼しました。

立場が、このようになるとは、当時、とても考えられなかったので、「カルマの刈《か》り取りだ」と思い、今、本当に反省し、涙《なみだ》を流しているところでございます。たいへん、すみませんでした。

こんなことでしたら、もっと親切に背中を撫《な》でてあげたりしたらよかったと……（会場笑）。今、本当に申し訳ないと思っています。本当に、すみませんでした。失礼しました。

本当に、そんなに高度な感情を持っていた方とは、つゆ知らず、「ただの生き物だ」と思ってしまい、クジラを捕ったようなつもりでいたので……、あ、クジラではないですけれども、ホッキョクグマを捕獲したような気持ちでいたものですから、本当にすみませんでした。地球に住めるかどうか、少し試してみたかったのです。

われわれは宇宙旅行の際にタイムトラベルもできる

司会　そうですか。では、かなり昔から地球に来られているのでしょうか。

ケンタウルスα　私ですか。

司会　はい。いつごろ来られましたか。

ケンタウルスα　私は、けっこう行ったり来たりしているのです。

私がいた星はケンタウルスの「α」です。いちおうαなんです。

ケンタウルスのαは技術が進んでいて、ほかの所へ単に宇宙トラベルをするだけではなく、時間調整まで可能で、宇宙トラベル・アンド・タイムトラベルの両方の機能を持っている種族もいます。千年や二千年、時代をずらし、別の時代に行ったりできるだけの技術があるのです。

だから、宇宙トラベル・アンド・タイムトラベルができます。宇宙を、ごく短い時間で移動できると同時に、時間を設定して、例えば、「どの時代の地球に出るか」などということが決められるのです。

ほかの星の人は、違うことを言うかもしれませんが、われらは、「おそらく、われらが宇宙でいちばん進化しているのではないか」と信じています。「同時にタイムトラベルまでできるUFOを持っている星人は、ほかにはいないのではないか」と思うのです。

われわれはタイムトラベルをするので、「何千年、何万年も生きている」と思われている人が数多くいるわけなんですね。単に、違う時代を見に来ているだけなんですけど、そのように勘違《かんちが》いされることがあります。
だから、古代の『聖書』などにある、「何千年も生きた」とか、「千年も生きた」とかいう話には、みな、われわれについての伝説が入っているんですね。

司会　そうですか。

ケンタウルスα　ええ、そうなんです。

司会　ケンタウルスのαは、どちらにあるのですか。

ケンタウルスα　だから、「ケンタウルス座」というものがあるんです。

司会　マゼラン星雲なのか、それとも、四光年ほど先の、地球からとても近い所にあるほうなのか、どちらでしょうか。

ケンタウルスα　近いほうです。近いほうのケンタウルスです。

司会　近いほうなんですね。

ケンタウルスα　そうなんです。「α」があって、「β《ベータ》」があって、あと、「γ《ガンマ》」ではないんですが、もう一つあるんです。αとβ以外にも、もう一つあるんですけど、私はαの出です。たぶん、四・数光年先でございます。

司会　四光年ほど先の、近いほうですね。

ケンタウルスα　ええ。だから、地球からいちばん近い恒星《こうせい》だと思いますね。

司会　そうですか。

ケンタウルスα　おそらく、いちばん近いのではないかと思います。

われわれの星は悪魔《あくま》に乗っ取られたわけではない

司会　以前、ケンタウルスαの女性がリーディングで出られたのですが、「星が悪《あく》魔《ま》に乗っ取られてしまった」ということで、非常に悲しんでおられました。また、「非常に長い長い旅路を経て、地球まで来た」というお話であったのですが。

ケンタウルスα　ああ、ああ、ああ、ああ、ああ、ああ。あの方は放浪《ほうろう》しているからね。「どこなら、いいか」と、いろいろな星を巡《めぐ》っていて、直接、地球に来てはいないんです。要するに、彼女の思う「天使人類の仲間」が住んでいると言われている星を探し、あちこちに行ってから地球に来ているんですね。だから、時間がかかっているんです。

司会　そのとき、ご一緒ではなかったのですか。

ケンタウルスα　違うと思いますね。

ケンタウルスα　言い方は、とても失礼かもしれませんが、「タイムトラベルもできる」ということは、私たちのほうが、一段、進化した種族であったことを意味しているわけです。

司会　彼女は、科学技術の発達している種族を、「悪魔」と言っていました？

司会　はい。「悪魔に星が乗っ取られてしまった」と……。

ケンタウルスα　そういうつもりはないのですが、私は悪魔だったのかしら？　そういうわけではないんですが。確かに、科学技術の面では進化していますね。それで、こちらが悪魔に見えるのかしら？　私たちは、悪魔のつもりでは全然ないんですが。

司会　そうですか。

ケンタウルスα　科学技術のほうを、そうとう研究したことは確かですけどね。

思想的な対立によって、星から逃《に》げ出した人たちがいた

司会　では、ケンタウルスαには、二種類の種族があるのでしょうか。

ケンタウルスα　いや、二種類ではなく、もっと種類はございますが、私たちは要するに理科系なんですね。いわゆる理科系で、ですから……、ああ、確かに、そういえば、迫害《はくがい》してしまったかなあ（会場笑）。私は、あの人（Aを指す）も迫害したから、そうかもしれない。迫害したのかなあ。

いや、だから、彼女たちは、ケンタウルスαにしては非常に素朴《そぼく》なんですよ。要するに、「神様を信じていたらよい」というような、非常に単純な生き方をしているんです。

しかし、「そんな単純なことでは駄目《だめ》だ。やはり、もっと機械類を発達させなくてはならない。そして、過去・現在・未来や宇宙を行き来できるようなレベルまで

行けば、神の心境に到達《とうたつ》できる」というのが、われわれの考え方です。

向こうの考え方は、「そんな機械類は関係なく、信仰心《しんこうしん》が大切である。心を清くし、神様を信仰していれば、神様のところまで行ける」というものです。

こういう思想的な対立があり、われらのほうが強くなったので、だんだん、身に危険を感じて、星から逃《に》げ出した人たちがいたことは事実です。

ただ、われらは悪魔ではありません。

われらを悪魔と呼ぶのは、例えば、原爆《げんばく》や水爆を発明した人たちを悪魔と呼ぶのと同じような言い方です。そういう人たちのなかにはアインシュタイン博士《はかせ》もいるわけです。彼は〝原爆の父〟ですから、悪魔という言い方もできるけれども、彼自身は、神を信じた上で科学技術を研究していて、進化の途上《とじょう》にあったわけです。

それは毛色の違いにしかすぎないので、われらは決して悪魔ではないのです。

実験精神が豊富だったので、われらには、すぐに何かを捕獲する癖《くせ》は確かにありました。人間を捕《つか》まえて、いろいろな機械を脳に植え込《こ》み、人格改造をしたりしていたので、確かに人体実験はしていました。しかし、それは科学的探究心によるものであったのです。

それを嫌《いや》がって星から逃げる人がいても、しかたがないと思います。

そして、彼女たちは、直接、地球に来たのではなく、いろいろな星を逃げ回っていたので、何十年もの時間がかかったのだと思います。

われらの宇宙船は神出鬼没《しんしゅつきぼつ》で、時間を行ったり来たりできますし、長い距離《きょり》であっても短時間で移動できるのですが、彼女たちは、とても、そこまでの開発ができず、空を飛ぶだけ、宇宙を飛ぶだけのものしか、つくれなかったのだと思うんです。

それは科学を非常に軽く見たからです。

国で言えば、理数系の科目を非常に軽く見た国では、科学技術の発展が遅《おく》れるでしょう？　今の日本で言えば、「紫式部《むらさきしきぶ》の時代が最高だ」などと言っているような感じだったら、そうなりますよね。

そのようなところだと、やはり、宇宙船も〝ぼろっちい〟ものしかできないですから、宇宙を飛ぶ時間が、ものすごく長くなりますよね。

だから、われわれは悪魔ではないんですよ。あくまで悪魔ではない。悪魔ではなくて……。

司会　では、どのような思想を中心にして生きておられるのですか。

ケンタウルスα　え？

司会　どのような思想というか、宗教心というか……。

ケンタウウスα　ですから、われわれだって、エル・カンターレの思想で言えば、トス神《しん》［注1］のような神を、神として崇《あが》めるような思想を持っていたのです。それも、エル・カンターレの特徴《とくちょう》の一つであり、一つの傾向性《けいこうせい》ですけれども、そのトス神のような神を、神と思っていたわけです。

一方、ケンタウルスαから逃げられた女性の場合は、トス神ではなくて、リエント・アール・クラウド王［注2］のような人を神だと思っていたので、そういう思想の違いがあったのだと思います。

「追い出した人」とか、「捕まえた人」とかが出てきているので、私は、やはり、〝悪魔〟なんでしょうか。なぜか、「カルマの刈り取り」をさせられているのでしょうね。

科学技術を発達させて、レプタリアンの侵略《しんりゃく》を防いでいる

司会　けっこう進化を重視する方《かた》なんですね。

ケンタウルスα　そうなんですよ。進化を重視します。でも、私はレプタリアンではありません。

司会　はい。

ケンタウルスα　「星を悪魔に乗っ取られた」と言うけど、それは違うのです。

司会　レプタリアンとの違いは何でしょうか。

ケンタウルスα　レプタリアンは科学技術の面で進化しており、われわれは下手《へた》をしたら支配されてしまうので、支配されないようにするためには、こちらも科学技術のレベルを上げなくてはなりません。そうしないかぎり、防衛は不可能なのです。

心清く、明るく、積極的に、元気に、機嫌《きげん》よく生きているのはいいんですけど、科学技術が劣《おと》ったら、彼らに、すぐ完全に支配されてしまうので、防衛上、やはり、武器や兵器の科学技術面での水準を上げなければならないのです。そうでなければ、彼らに対抗《たいこう》できず、護《まも》ることも、戦うこともできません。

まあ、そういうことをしていると、敵に似てくるところはありますけど、われわれは決して悪魔ではないのです。「悪魔の星になった。悪魔に負けた」という、彼女の話は完全な間違いです。それは勘違いだと思うので、直さなくてはいけない。

護らなければ、全部、食べられてしまっているかもしれないのですから、われわれは侵略《しんりゃく》を防いでいたのです。

司会　何か侵略をされていたのですか。

ケンタウルスα　ケンタウルスのβのほうが侵略されていて、すでにレプタリアンの完全植民地になっていたのです。

司会　ああ、それでですか。はい。

ケンタウルスα　αのほうは、侵略されないように、われわれが、科学技術を進化させ、防衛していたから、取られていないんですよ。

ただ、恐怖心《きょうふしん》が強く、レプタリアンと、ケンタウルスαのなかの科学技術の進んだ種族とが、同じに見えたような一部の人たちは、やはり、怖がって逃げました。そういうところがありますね。

われわれも、確かに宇宙に出て行きましたし、先ほどの話のように、他の生き物を捕獲して、実験したりしました。そういうところは、レプタリアンがやっている悪さに、一見、似ているかもしれません。彼らは、人間をアブダクション（誘拐《ゆうかい》）して実験材料にし、精子と卵子《らんし》を取って宇宙人との合いの子をつくったりしているので、似ているように見えるかもしれません。

しかし、それは科学的精神の問題です。

われらは、言ってみれば、トス神への信仰のようなものを持っているのです。科学技術への憧《あこが》れはありますけれども、その心のなかには愛や慈悲《じひ》の心もガッチリとあるんですね。

司会　そうですか。

ケンタウルスα　先ほどの木星人も、食料にしたわけではなく、ちゃんと地球まで連れてきて、「温暖な気候に耐《た》えられるかどうか」とか、そういう実験をしているわけですからね。

宇宙の時間は「円環《えんかん》」であり、宇宙空間をグルグルと回っている

司会　そのように進化されたケンタウルス座α星人のあなたが、地球に来た目的と、エル・カンターレとのご縁や今世《こんぜ》の使命を、教えていただけますでしょうか。

ケンタウルスα　私の場合は、年齢不詳《ねんれいふしょう》で、「過去・現在・未来」を行き来していた者なので、ほかの星の人が、「いつごろ来ましたか」という質問を受けるのと、まったく同じとは言えないところがあります。

宇宙の時間というものは、あなたが考えているような……、あなたは文系なんでしょう？　頭がとても単純だから。

宇宙の時間は、始点があって、そこから矢印がまっすぐ伸《の》びているように進んでいるわけではありません。そうではなく、宇宙空間のなかの、いろいろな所で、円《えん》

環《かん》のように時間が回っています（右手で何度も円を描く）。「始め」が「終わり」に来たら、また「始め」に戻るように、グルグルと回る時間の円環が宇宙のなかにはたくさんあるのです。

この円環のなかに入ってしまうと、矢印の方向に向かって時間が進んでいくように見えていても、しばらくすると、元に戻ってくるんですね。

そういう宇宙空間なので、時間というものは実は無限であり、「一千億年たった」とか、「百何十億年たった」とか、「五十億年たった」とか言っているけど、一直線に時間が流れているのではないんです。

「宇宙のなかに浮《う》かんでいる、その円環のなかの、どの辺を通過しているか」ということを、「四十億年前だ」とか、「十億年前だ」とか、「今だ」とか、「未来だ」とか、いろいろと言っているわけです。この円環の存在を知り、相手のいる座標をつかんでしまえば、そこへ向かって移行すると、未来にも過去にも行けるんですね。

われわれは、そこまで科学技術が進んだのですが、ここまで行くには、地球だと、たぶん、三十一世紀ぐらいまでかかると思います。そのころには、その原理が明らかになると思いますね。

われわれは非常に優《すぐ》れているので、どうぞ、レプタリアンを呼び出して、どちらの認識が高いか、科学技術競争をやってみてください。

地球には、われわれの星から来た者が百万人ぐらいいる

B――　私のようなケンタウルス座α星人は、地球には、どれぐらいいるのでしょうか。

ケンタウルスα　地球ですか。地球で頭のいい人は、ほとんど、そうなのではないですか。

今は六十億人から七十億人いて、そのうち、頭のいい人は、どのくらいいるかを考えてみると、そうですね、増殖《ぞうしょく》した部分もあると考えられるので、十……、十万

人より多いかもしれませんね。いや、十万人ぐらいでしょうか。いや、やっぱり、もう少しいますね。世界全部を合わせると、〝子孫〟は百万人ぐらいはいると思いますね。百万人ぐらいは潜《ひそ》んでいるでしょう。

ケンタウルスαから来ている人が、百万人ぐらい、各国に散っています。それぞれの国には、数千人から一万人ぐらいがいて、その文明を引き上げる努力をしていると思います。

もちろん、地球には、α以外の星の人も来ています。「マゼラン星雲のゼータ星から来た」と言っている者が、「私たちの仲間が地球の文明を進化させた」と言っているけれども、それだけを信じてはいけないのであって、今の地球の文化は、いろいろなものの混合文化なんですよね。

われわれは、彼らの侵略を許さないぐらいの科学文明を持っていたので、彼らに負けていなかったと思います。

B――　では、私どもが、「エル・カンターレ下生《げしょう》」の、この地球に来た理由、目的は、「レプタリアンから護るため」ということなのでしょうか。

ケンタウルスα　いや、そんなことはありません。

レプタリアン自体も、呼ばれて地球に来た種族ではあるのです。彼らは好戦的な種族ではあるけれども、「進化や発展、競争の原理を入れないと、地球自体が進化しない」と思われ、入れられたものなんですね。一種類に限ると、やはり、「よろしくない」というところがあるので、「多少、他《た》の種類のものも入れる」という考えでしょうか。

「われわれが悪魔に見える」ということはショックですけど、宗教家から見たら、科学者が悪魔に見える場合もあるかもしれませんね。

われわれは、非常に進化した種族なんですよ。

分かった？

司会　はい。

ケンタウルスα　分かった、君？

だから、こういう円環なんですよ、宇宙は（右手で円を描く）。

外見は映画「猿《さる》の惑星《わくせい》」に出てくる猿に似ている

司会　ケンタウルスは、星座で言うと、半人半馬《はんじんはんば》的な絵で描《えが》かれることが多いのですけれども……。

ケンタウルスα　それはギリシャ神話でしょう？

司会　ええ。ケンタウルス座α星人の外見は、どのようなものなのでしょうか。先ほどの話にあったように、白い光の人間なのでしょうか（第1章参照）。

ケンタウルスα　外見が訊《き》きたい？

司会　はい。

ケンタウルスα　それはねえ……。金星族も来ているから、人類によく似た者もいます。そういう者もいますけれども、もちろん、それとは違う者も、やはり、種類としてはいますね。

外見を言わされますか。それは、実を言うと、厳しい質問ですねえ。私には、つらい。先ほどの方（A）が笑い出すといけないので、それを言うのは、つらいんですけれども、外見はですね……。

昔、映画で、「猿《さる》の惑星《わくせい》」というのがあったことを、ご存じでしょうか。だからねえ、猿が人間になったような外見なんです。

司会　うーん。

ケンタウルスα　われらは、頭はとてもいいんですけど、猿によく似ているんです。だから、過去の化石を発掘《はっくつ》され、「類人猿《るいじんえん》だ」と間違われている者がたくさんいると思いますね。「直立歩行する猿」によく似た外見をしているのが、われわれです。
もちろん、人間にそっくりの者も来てはおりましたが、私は〝猿の惑星〟そのものです。
司会　そうですか。
ケンタウルスα　はい。すみません、だから、まあ、先ほどの方と似たようなものです。宇宙は、さまざまな可能性に満ちているので……。
司会　そうですね。
ケンタウルスα　ええ。顔は猿そっくりではありませんけど、〝直立した猿〟で、尻尾《しっぽ》も生えていました。でも、レプタリアンではありません。類人猿のような感じ

「ケンタウルス座α星人」想像図

ですかね。

実学志向で、「美」よりも「科学技術」等に関心がある

B――「ケンタウルスから来ている宇宙人は、エル・カンターレ系霊団に対して、非常に協力的だ」と聞いているのですが（『「宇宙の法」入門』第2章参照）。

ケンタウルスα　そうですよ。とっても、そのとおりなんですよ。

B――私たちも、そうなのでしょうか。

ケンタウルスα　そうだと思います。レプタリアンによる進化に満足がいかなかったので、私たちが呼ばれたんだと思うんですよね。レプタリアンたちには、やや曲がり込んでいるような感じがあったのではないでしょうか。

彼らは、やりたい放題をしていました。恐竜《きょうりゅう》がとても強いときには、ある程度、

レプタリアンの放し飼い状態であったんですけど、そうしているうちに、彼らの凶《きょう》暴性《ぼうせい》がかなり増してきて、人類に対しても悪さをし始めたのです。

それで、その慢心《まんしん》を戒《いまし》める必要がありました。「科学技術が優れていれば神に近いのだ」と思っている慢心を打ち砕《くだ》く必要があったのです。

そのため、私のように、純粋《じゅんすい》に科学技術的に進んだ者や、先ほどのプロテクターのように、非常に強い守護力を持って戦える者などが、いろいろと出てきました。

それで、いろいろな種族が分かれてきているんですね。

太陽系との距離は四・何光年だったと思うんですけど、エル・カンターレとは非常に近い関係でした。金星や地球や、この辺りは、みな、わりに近いんですよね。だから、昔から、古代から、けっこう交流はあったんです。ええ。

司会　分かりました。

ケンタウルスα　そういう意味では、元の金星文化の影響《えいきょう》もそうとう受けています。

ただ、われわれに、やや足りないものがあるとしたら、いわゆる、元の金星人や、プレアデスに行った金星人のような、「美」に対する強い好奇心《こうきしん》を、彼らほどには持っていないことです。

それよりは実用精神のほうが強く、実学志向で、科学技術的なものなど、実際に役に立つもののほうに関心があります。飾《かざ》り立てることや、きれいに見えることに対する関心は、彼らより薄《うす》かったのではないかと思いますね。

ただ、先ほどの、木星の衛星に住んでいた方から見れば、われわれでも光り輝《かがや》いて見えたそうなので、「そのぐらいの差はあった」ということでしょうか。

でも、プレアデス系から見たら、われわれは、光り輝いているのではなく、「何か薄汚《うすぎたな》い」と、きっと言われるのではないかと思います。それは相対的な問題だと思うんです。

人類的存在のルーツがどの星なのかは分からない

Ｂ――　ルーツはケンタウルス座α星なのですか。

ケンタウルスα　ルーツですか。

Ｂ――　はい。

ケンタウルスα　いえ、ルーツはねえ……。先ほど言ったように、宇宙は、こういうもので（右手で円を描く）、「何星人」と言っているけれども、実は、それは、住んでいる地域の違いです。地球で言えば、「今はアメリカに住んでいます」「今は日本に住んでいます」「今はオーストラリアに住んでいます」というだけのことで、「本当に、そこに発生した」ということと同じではないんですね。

地球人類でも、今の科学的な理論では、「アフリカの一人の人の遺伝子が全世界に広がった」という言い方をされていますけれども、そういうものではありません。宇宙のなかで魂の交配はそうとうあったので、そのルーツそのものは、われわれの認識できる範囲《はんい》内で数十億年前ぐらいですね。

人類的存在は、あちこちの星に移り住んでいったので、「その星がルーツだ」と、はっきりとは言えないものがあります。

そして、やはり、その星に合った体に、だんだん変化していくんですよね。それで、違った星人に見えているようなところがあります。環境によって体が変化するんです。

あるいは、そこに生き物がいた場合には、いろいろな生き物の遺伝子を使って、その生き物の体を、自分たちが〝住みやすい〟ものにつくり変えていきます。遺伝子操作等で、入りやすい〝入れ物〟をつくり、それに宿って生まれたりするようになっていくのです。

だから、「どこが人類のルーツか」と言われても、はっきりとは言えません。

「人類が、どこから始まったか」ということについては、先ほども述べたように、地球では「アフリカから」と言われています。現代の科学の理論では、遺伝子研究の結果、「アフリカの一点から〝イヴ〟が生まれたのではないか」と言われているんですね。

しかし、実は、地球には、過去、いろいろな星から人々が来ていますから、その理論が〝嘘《うそ》〟であることは分かっています。そんなことは絶対にありえません。今、発掘されている化石等が少ししかないので、それに基づいて言っているだけです。だから、「何星人」と言っても、「本当に、そこがオリジン（起源）かどうか」ということは分かりません。

われらには、銀河系ぐらいまでのことはよく分かりますが、宇宙には、その銀河系を超《こ》えた、ほかの銀河が、たくさんあるんですよ。銀河は、私が知っているだけでも、おそらく一千個以上あると思います。

そして、ほかの銀河にも人類が生まれていると思われるので、「どちらが先なのか」などという領域までは理解できません。そこまで理解できたら、私も神になれてしまうと思うので、そこまでは分からないのです。

「本当の起源はどこか。どの星が起源で生まれたか」ということは分からないわけです。

司会　難しいですね。

ケンタウルスα　ただ、「物質化現象もある」とは聞いているので、創造はされたのではないかと思います。「金星では人類の創造があった」とは聞いているのですが、それが起源なのか、あるいは、それ以前に、ほかの銀河にも、やはり生命の誕生があったのか、それについては、われわれのレベルでは理解ができないところはあります。

司会　分かりました。今日は本当にありがとうございました。

ケンタウルスα　はい。

B――　ありがとうございました。

大川隆法　○○さん（B）のほうが、少し、かっこよかったですか（笑）。（Aに）ごめんなさいね。

B――　いえ、外見は〝猿の惑星〟ですから（笑）。

大川隆法　〝猿の惑星〟でしたか。あの女の人（『宇宙人との対話』第6章に登場するケンタウルス座α星人）も〝猿の惑星〟のような外見だったのでしょうか。

司会　（笑）分かりません。

大川隆法　〝猿の女王〟かな？

［注1］トスは、エル・カンターレの分身の一人。約一万二千年前のアトランティス大陸に生まれた「万能《ばんのう》の天才」であり、その指導を受けたアトランティス文明では、科学技術が非常に発達した。『太陽の法』第5章参照。

［注2］リエント・アール・クラウドも、エル・カンターレの分身の一人。古代インカ帝国《ていこく》で、人々に心の世界の神秘を説いた。『太陽の法』第5章参照。

第3章

地球の危機を救いに来たベガ星人

［二〇一〇年六月十八日収録］

ベガ星人

琴座《ことざ》のベガを母星とするベガ星人は、かつて金星から移住した人たちであり、自分の思いに合わせて肉体の姿を変える能力を持っている。ベガ星の教えは主として「温和」と「調和」、そして「変化」であるが、彼らはエル・カンターレから「始原の法」「根源の法」を学ぶこと等を目的として地球に来ている。

［対象者（女性）はCと表記］
［質問者はGと表記］

「アイア」という美しい星からやって来た

大川隆法　（Cに）よろしいですか。

（Cに両手をかざす。約二十秒間の沈黙《ちんもく》）

ああ、何だか「銀河鉄道999《スリーナイン》」に出てくる、メーテルのような姿が見えてきます。ああ、これは……、かなり珍《めずら》しくて、宇宙の秘密にそうとう接近するかもしれませんね。そうとう宇宙の秘密に接近しそうな感じですね。

はい。それでは、心を調和してください。心を調和して……。

（約二十秒間、Cに右手をかざして、小さく円を描《えが》くように動かす）

（右手を、円を描くように動かしながら）この者の魂《たましい》の奥《おく》深くに住んでいる宇宙人の魂よ。この者の魂の奥深くに住んでいる宇宙人の魂よ。あなたは、私たちに、その意見を語ることができますか。

この者の心の奥底に住んでいる宇宙の魂よ。あなたは、私たちに、宇宙の真実を語ることができますか。

ベガ星人　……。

大川隆法　語れそうですか。

ベガ星人　……。

大川隆法　語れそうだったら、「はい」と言ってください。

ベガ星人　……。

大川隆法　あなたは女性ですか。

ベガ星人　（うなずく）

大川隆法　はい、はい。女性ですね。はい、女性ですね。はい、女性です。どういう星から地球に来られましたか。どういう星から地球に来られましたか。星の名前は言えますか。

ベガ星人　……。

大川隆法　はい、楽にして。のどが開きます。のどが開きます。楽にして、楽にして、意識で抑《おさ》えるのをやめて、出てくる言葉を自由にしゃべらせてください。はい、どちらからですか。

ベガ星人　（少し咳《せ》き込《こ》む）

大川隆法　どちらから、いらっしゃいましたか。

ベガ星人　ア……。

大川隆法　どちらから、いらっしゃいましたか。

ベガ星人　ハイ、ハイヤ……、ハイヤ……。

大川隆法　ハイアン？　アイアンマンなの？　そんなはずはない。え？　はい、はい。どこから来ましたか。

ベガ星人　アイアン……。

大川隆法　アイアン（笑）。アイアン。鉄の星？

ベガ星人　（笑）

大川隆法　本当かなあ。いや、おかしい。「アイ・アム」と言っているのかな。アイ・アム？

ベガ星人　アイ……、アイア……。

大川隆法　アイア、アイアと言っているの？

ベガ星人　アイア、アイア。

大川隆法　アイア、アイアと言っていますね。

ベガ星人　アイア。

大川隆法　アイア。それは星の名前ですか。

ベガ星人　アイ、ア……。

大川隆法　アイアという星から来た。これは初めてだ。初出ですね。アイアという星から来たと言っていますね。

アイアというのは、どんな星ですか。私たちは、今、初めて聞きましたので、アイアとは、どんな星なのか、教えてください。どんな星ですか。アイアは美しい星ですか。

ベガ星人　はい。

大川隆法　美しい星だった。はい。

アイアには男性・女性・中性がいて、外見は人間によく似ている

大川隆法　あなたは、どんな姿をしていましたか。どんな姿をしていましたか。人間に似ていますか。

ベガ星人　はい。

大川隆法　人間によく似ていますか。

ベガ星人　はい。

大川隆法　ああ、そうですか。体は大きいですか、小さいですか。人間と同じぐらいですか。それとも……。

ベガ星人　そうですね。はい。

大川隆法　同じぐらいなんですか。

ベガ星人　はい。

大川隆法　その星には、男性と女性がいますか。

ベガ星人　はい。

大川隆法　男性と女性以外のものもいますか。男性と女性だけですか。

ベガ星人　うーん。そうですね。

大川隆法　男性と女性と、中性がいる？　ああ、これは中性がいますねえ。男性と女性と中性の三種類がいる。三種類の人間がいるような感じがします。そうですか、男性、女性、中性がいるんですか。何か、そんな感じがしますね。

ベガ星人　はい。

大川隆法　あなたは、女性でしたか。

ベガ星人　（うなずく）

大川隆法　そうだね。女性だね。

自分の外見を説明できますか。例えば、特徴的《とくちょうてき》なところを説明できますか。外から見たら、どんなふうに見えますか。髪《かみ》の毛はありますか。

ベガ星人　（うなずく）

大川隆法　髪の毛はある。その髪の毛は長いですか、短いですか。長いですか、短いですか。

ベガ星人　長い気がします。

大川隆法　長い気がする。髪の毛は、どんな色をしていますか。どんな色をしていますか……。

これは栗色《くりいろ》ですね。栗色をしています。金髪《きんぱつ》でもなく、黒でもない。栗色ですね。栗色をしていますね。栗色で、わりに長い髪の毛をしていますね。

目はどんな色をしていますか。目はどんな色ですか。

ベガ星人　青……。

大川隆法　青いね。確かにブルーですね。おっしゃるとおり。私も今、ブルーだと思いました。目の色はブルーですね。うん。そうですか。

服は着ていますか。

ベガ星人　はい。

大川隆法　どんな服を着ていますか。

ベガ星人　うーん、何かボタンが見えます。

大川隆法　ボタンが見える。ボタンが見えて、その服は一枚の布ですか。それとも、何重にも着ていますか。服を何重にも着ていますか。

ベガ星人　うーん、そうですね。

「ベガ（アイア）星人」想像図

大川隆法　では、やはり、今の地球と同じように、上着と、下に着るものとが違《ちが》いますか。ボタンが見えるんですね。ああ、それは上着ですね。
スカートははいていますか。スカート以外のものですか。

ベガ星人　うーん、両方あります。

大川隆法　両方あるんですね。では、そんなに変わらないですね。

豪華《ごうか》客船のような大きな葉巻型《はまきがた》の宇宙船で地球に来た

大川隆法　仕事は、どんなことをしていらっしゃいましたか。

ベガ星人　宇宙船が見えます。

大川隆法　宇宙船が見える？　ああ、宇宙船が見える。
宇宙船に乗ったということですか。それとも宇宙船をつくるような仕事をしていたということですか。

ベガ星人　分からないですが、何かを指示しているような気がします。

大川隆法　宇宙船は大きいですか。

ベガ星人　そうですね。

大川隆法　うーん。それは丸いですか、長いですか。どちらですか。

ベガ星人　長いです。

大川隆法　長いですか。葉巻型《はまきがた》ＵＦＯのような形に近いですか。そうでもない？

ベガ星人　うーん、そうですね。

大川隆法　丸くないんですね。長いんですね。

ベガ星人　はい、はい、はい。

大川隆法　長さで言うと、どのくらいありますか。

ベガ星人　けっこう長いですね。

大川隆法　一キロも二キロもありますか。

ベガ星人　豪華《ごうか》客船ぐらいはあると思います。

大川隆法　豪華客船ぐらいの大きさですね。では、そのなかには何人ぐらい乗れるんですか。

ベガ星人　何百人か乗れると思います。

大川隆法　何百人か乗れるんですか。では、大勢乗っているんですね。

ベガ星人　はい。

大川隆法　ふーん。それで、その宇宙船に乗って地球にやって来られたのですか。

ベガ星人　（うなずく）

大川隆法　そうなんですね。地球の時間で言うと、やって来るのに、どのくらいかかりましたか。

ベガ星人　（大きく息を吐《は》く）

大川隆法　アイアという星から地球まで、どのくらいかかりましたか。覚えていますか？　長かったですか、短かったですか。

ベガ星人　（首を横に振《ふ》る）

大川隆法　分からない？　それはちょっと分からないですね。
何百人か乗れる、豪華客船のような大きな宇宙船で地球に来たんですね。

高級通訳兼《けん》外交官として、ラ・ムーとテレパシーで交信した

大川隆法　今の地球で言うと、どの辺りに着陸しましたか。

ベガ星人　（うなずく）

大川隆法　地球に大陸はいろいろありますが、どの辺りに降りましたか。例えば、ヨーロッパとか、アジアとか、アフリカとか、北アメリカとか……。

ベガ星人　何か、オーストラリアのような形が見えるんですけれども。

大川隆法　オーストラリアのような形が見える？

ベガ星人　はい。

大川隆法　それは、今から、どのくらい前のような気がしますか。

ベガ星人　……。

大川隆法　年代は分かりませんか。何か、年代を推定する手がかりになるようなものはありませんか。

ベガ星人　何か、さっきから、「ムー大陸」と聞こえます。はい。

大川隆法　ああ、ムーが見えます。ムー大陸だ。ムーに来ましたか。

それでは、あなたがムーに来た時代には、ラ・ムー［注1］という存在はいましたか。ムーに来たのは、その前ですか、あとですか。どうですか。

ラ・ムーに会いましたか。

ベガ星人　（うなずく）

大川隆法　会った？　会った。ああ、ラ・ムーの時代に来ましたか。そうですか。ラ・ムーの時代に来たんですね。

アイアという星から、母船に乗って、ラ・ムーの時代にムー大陸にやって来たんですね。はい、そこまで分かりました。

そうですか。では、ムー大陸に着陸したんですね。ムー大陸に着陸して……、ああ、そうか。ラ・ムーが交信していましたか。あなたは、テレパシーのようなもので話ができましたか。

ベガ星人　（うなずく）

大川隆法　できた。あなたは、その宇宙船のなかでは、どういう立場で仕事をしていましたか。どんなことをやっていましたか。

ベガ星人　(数回、大きく息を吐く)

大川隆法　ああ、はい。あなたは言語に強いですね。何か、宇宙語がしゃべれましたか。

ベガ星人　(うなずく)

大川隆法　宇宙語がしゃべれましたね。いろいろな宇宙人と会話ができる能力を持っていたんですね。ああ、そうだね、本当だ。宇宙語をしゃべれたんだ。ふーん、そうなんだ。だから、いろいろな星に行っても、その星の言葉がしゃべれるんですね。なるほどね。

そうすると、あなたは、特殊《とくしゅ》な交渉役《こうしょうやく》ですね。そうだね。

ベガ星人　そうです。

大川隆法　そうだね。あなたは、ムーの人たちと話をするときの交渉役、通訳ですね。高級通訳兼《けん》外交官ですね。ああ、そういうことなんですね。

ベガ星人　はい、そうです。そうです。

大川隆法　はい、分かりました。うーん、そうですか。

ラ・ムーは、どんな人でしたか。あなたの目には、どんな人に見えましたか。

ベガ星人　はい。すごく偉大《いだい》で、光がまぶしい方でした。

大川隆法　ああ、そうですか。

ベガ星人　はい。

着陸当時のムー大陸の様子

大川隆法　本（『太陽の法』）には出てくるんですけれども、その当時、ピラミッドのようなものが何か見えますか。どうですか。

ベガ星人　はい、はい、はい。たくさんありました。

大川隆法　ピラミッドがたくさんありますか。

ベガ星人　はい。

大川隆法　クリスタルなどを使っていますか。それは分からない？

ベガ星人　うーん。茶色いように見えるんですけれども、まあ、エジプトのピラミッドのような感じですね。はい。

大川隆法　ああ、そう。石か土のようなものでできているような気がしますか。

ベガ星人　はい、そうですね。

大川隆法　ああ、そうですか。うーん。そのムーの人々は、人数はかなり多そうですか。

ベガ星人　はい。たくさんおりました。

大川隆法　ああ、そうですか。ムーの人たちは、あなたがたを歓迎《かんげい》してくれましたか。

ベガ星人　とっても歓迎してくださいました。

大川隆法　そうですか。

ベガ星人　お辞儀《じぎ》をしてくださいました。このように（合掌《がっしょう》してお辞儀をする）。はい。

大川隆法　お辞儀をしてくださった。それで、生活はどうでしたか。食べ物などは……。

ベガ星人　はい。とても質素なもので、果物も多かったですね。

大川隆法　果物が多かった。あなたがたは果物を食べることができたのですか。

ベガ星人　はい。

大川隆法　果物は食べられたのですか。そうですか。

アイアとは「琴座《ことざ》のベガ」のこと

大川隆法　今までのリーディングで出てきた、宇宙の魂を持った方のなかで、あなたが知っている人は誰《だれ》かいますか。

ベガ星人　はい。

大川隆法　仲間だったような人はいますか。

ベガ星人　（荒《あら》い息をし、右手で会場を指す）

大川隆法　ん？　誰？　あの方？

ベガ星人　はい。

大川隆法　ああ、○○さん（対象者B）？

ベガ星人　うーん。

大川隆法　違う人？

ベガ星人　△△さん（対象者D・第4章に登場）。

大川隆法　△△さんが仲間？

ベガ星人　はい。

大川隆法　ああ。では、アイアというのは、琴座《ことざ》ですか。琴座には……。

ベガ星人　はい、ベガですね。

大川隆法　ベガ？

ベガ星人　はい。

大川隆法　ベガの伴星《ばんせい》？　兄弟星《せい》か何かですか。それとも、ベガのことをアイアと呼んでいたのですか。

ベガ星人　うーん、ちょっと分からないです。

大川隆法　分からないけれども、アイアと言っていたんですね。

ベガ星人　はい。

大川隆法　琴座のベガですね。

そうすると、あなたは、自分の姿を変えることができましたか。

ベガ星人　はい、できます。それはできます。

大川隆法　どんなふうに変えられましたか。地球人に合わせた体に変えられたのですか。

ベガ星人　はい、当然です。

大川隆法　分かりました。でも、地球に来たときは、宇宙服か何かを着ていましたか。

ベガ星人　そうですね。銀色でしょうか。

大川隆法　銀色の服を着ていたんですね。はい、分かりました。

（司会に）何か質問がありますか。

司会　今まで、ベガの方が何人か出ておられるんですけれども、その方がたとは同じ星ではないんですね。

ベガ星人　うーん。

大川隆法　あとで△△さんが説明してくれるかな。まあ、あとでいいでしょう。

司会　その星の教えの中心は、「変化」ということでよいのでしょうか。

ベガ星人　はい、そうです。「進化・発展・変化」です。

「愛と調和」の教えで地球を危機から助けようとした

司会　地球に来られた目的というか、理由は何でしょうか。

ベガ星人　うーん。

大川隆法　ラ・ムーの時代に地球に来られたのは、何か考えがあってのことですか。

ベガ星人　はい、そうですね。

大川隆法　どういう考えで来られたのですか。

ベガ星人　（大きく息を吐く）地球を助けなければいけません。

大川隆法　助けなければいけないような状況《じょうきょう》だったのですか。

ベガ星人　はい。はい。はい。はい。

大川隆法　何か危機があったのですか。

ベガ星人　はい、そうです。

大川隆法　地球は、どんな危機を迎《むか》えていましたか。

ベガ星人　滅《ほろ》びそうでした。

大川隆法　滅びそうだったのですか。

ベガ星人　はい。

大川隆法　ああ、そうですか。何が地球を滅ぼそうとしていましたか。

ベガ星人　（泣き声で）自分たちで滅びようとしていました。

大川隆法　自分たちで滅びようとしていたのですか。ああ、そうですか。それは戦争とか、民族間対立とか、そういうものでしたか。

ベガ星人　（うなずく）

大川隆法　そうですか、ふーん。自分たちで滅びようとしていたんですね。それで、助けようとして来たのですか。ああ、分かりました。

司会　どのような方法で助けようとしてくださったのですか。

ベガ星人　愛の教えが大切です。

大川隆法　うん、うん。それを言いに来たんですね。

ベガ星人　調和しなければなりません。

大川隆法　うん、うん。「愛と調和」を教えに来たんですね。ああ、そうですか。うん、うん、うん。

オフェアリスの時代に女神《めがみ》イシスとして生まれた

大川隆法　そのあと、地球人として生まれたのですか。

ベガ星人　はい。

大川隆法　ああ、そうですか。ラ・ムーの時代以外に生まれたことはありますか。

ベガ星人　はい。トス様の時代に生まれました。

大川隆法　ああ、トスの時代にも生まれましたか。

ベガ星人　はい。

大川隆法　そのときは、どんなことをされましたか。

ベガ星人　教育者だったような気がします。

大川隆法　ああ、そうですか。ふーん、なるほどねえ。

ほかに、例えば、リエント・アール・クラウドとか、オフェアリスとか、ヘルメスとか、仏陀《ぶっだ》とかがいますけれども（いずれも、エル・カンターレの分身）、誰か、懐《なつ》かしい名前はありますか。

ベガ星人　うーん。オフェアリス様［注2］。

大川隆法　オフェアリスとは関係があるような気がする？

ベガ星人　うーん。

大川隆法　ああ、そう。うん、うん。ほかにありますか。

司会　そのときのお名前を覚えていますか。

ベガ星人　アイ、アイ、アイ、アイ……。

大川隆法　アイシス？

ベガ星人　アイ……、アイシス。

大川隆法　アイシスですか。アイシスだったら、イシスですね。

司会　うーん。

大川隆法　イシスは、アイシスです。

ベガ星人　アイ、ヤ……。アイシス。アイシス。

大川隆法　アイシスですね。イシス。イシスですね。イシスだと言っていますね。ああ、イシス信仰《しんこう》がありますね。オフェアリスの時代のイシスなんですね。

ベガ星人　はい、そうです。

大川隆法　イシスは、英語でアイシスです。（司会に向かって）アイシスとして生まれたのなら、女神《めがみ》様ですね。

司会　そうですね。

大川隆法　ふーん。

ヘルメス時代にはエジプトに生まれ、仏陀《ぶっだ》時代には教団に布施《ふせ》をした

司会　あなたの魂の特徴というか、個性というのは、どのようなものなのでしょうか。

ベガ星人　愛……、愛です。

大川隆法　愛。

司会　愛ですか。

大川隆法　愛。そうですか。ヘルメス［注３］の時代には、お生まれになりませんでしたか。

ベガ星人　はい。そうです。

大川隆法　いましたか。

ベガ星人　いました。

大川隆法　ふーん。ヘルメスの時代にもいた。どんなことをしていましたか。

ベガ星人　（大きく息を吐く）エジプトです。

大川隆法　エジプトのほうにいた。ああ、そう。

ベガ星人　ナイル。

大川隆法　ああ、ナイルのほうですね。分かりました。その当時、ギリシャが、エジプトを植民地に持っていたのです。エジプトを植民地に持っていたので、そちらのほうにいたんですね。うーん、分かりました。仏陀《ぶっだ》の時代にも、出られましたか。

ベガ星人　はい。出ました。
大川隆法　ふーん。何か、仏教教団を助けるような……。
ベガ星人　はい。お布施《ふせ》をしました。
大川隆法　ああ、そうだよね。うん、うん。
ベガ星人　させていただきました。
大川隆法　はい、はい、はい。だいたい分かりました。ありがとう。
いや、本当に遠い所から来てくれて、ありがとう、ありがとう、ありがとう。
（会場を見て）誰か、何か訊《き》きたいことはありますか。
G――　アイアも、エル・カンターレ系霊団の星だと思います。かつて、金星から、
プレアデスやベガなどに、いろいろと分かれていったということを聞いているので

すが、アイアという星の方々も、その源流は金星だと理解してよろしいのでしょうか。

ベガ星人　金星……。

大川隆法　思い出せない？　少し難しい？　ちょっと長くなってきたので、くたびれましたね。

では、そろそろ結構です。

（Cに）はい、それでは元に戻《もど》ってください。はい、はい、お疲《つか》れでした。はい、元に戻って、静かーに、静かーに、禅定《ぜんじょう》を解いてください。はい、ご苦労さまでした。はい、ありがとう。

かなり出てきましたね。予想どおりです。

［注１］ラ・ムーは、約一万七千年前のムー帝国《ていこく》の王であり、エル・カンターレの分身の一人。宗教家兼政治家として、ムー文明の最盛期を築いた。『太陽の法』第５章参照。

［注２］オフェアリス（オシリス）は、約六千数百年前のギリシャに生まれ、当時、ギリシャの支配圏《けん》に入っていたエジプトへ行き、王になった。『愛から祈《いの》りへ』（幸福の科学出版刊）第４章、『君よ、涙《なみだ》の谷を渡《わた》れ。』（宗教法人幸福の科学刊）第３章参照。

［注３］ヘルメスは、約四千三百年前のギリシャに生まれ、地中海文明の基礎《きそ》をつくった。『愛から祈りへ』第４章参照。

第4章

ベガ星から来た宇宙の放浪者《ほうろうしゃ》

［二〇一〇年六月十八日収録］

［対象者（女性）はDと表記］

泣きながら出てきた女性の宇宙人

大川隆法　それでは、引き続き行きましょうか。

（Ｄに）だいぶ緊張《きんちょう》されているようなので、リラックスしていきましょうね。「駄《だ》目《め》もと」でいいですからね。

それでは、軽く合掌《がっしょう》してください。

リラックスしていいですからね。何も怖《こわ》くないですから、何を言っても構いませんからね。

間違《まちが》ったことを言うことは誰《だれ》でもありますし、気にしないでいいですからね。いいですか、では、ちょっと調べてみますね。

（約三秒間、Ｄに両手をかざす）

ああ、そうですね。はい、間違いないです。はい、はい、はい。

（Dに右手をかざし、円を描《えが》くように動かしながら）

この者のなかに住みたる宇宙の魂《たましい》よ。この者のなかに住みたる宇宙の魂よ。この者のなかに住みたる宇宙の魂よ。この者のなかに住みたる宇宙の魂よ。あなたは語ることができますか。あなたは語ることができますか。ああ、行けますね。すぐにしゃべれそうですね。

ベガ星人　（大きく息を吐《は》き、深く息を吸う）

大川隆法　あなたはどこから来ましたか。

ベガ星人　（深呼吸をする）

大川隆法　あなたはどこから来ましたか。

ベガ星人　おお……。

大川隆法　はい。

ベガ星人　（泣く）

大川隆法　どちらからいらっしゃいましたか。

ベガ星人　（泣く）

大川隆法　泣かなくてもいいですよ。

ベガ星人　（泣く）

大川隆法　どちらからおいでになったのですか。

ベガ星人　（泣く）

大川隆法　何が悲しいのかを教えてください。何が悲しいかを教えて……。

ベガ星人　（泣きながら何か言葉を発する）

大川隆法　はい？　何が悲しい？

ベガ星人　（泣く）

大川隆法　どうして……、ん？

感激しているの？　どうしたのかな？　言葉にしてください。気持ちを言葉にしてください。はい、はい、はい、立ち直りましょう。穏《おだ》やかになって、言葉にしましょう。気持ちを言葉にして出しましょう。

どういうことが言いたいのかな？

あなたはどこから来られましたか。あなたはどこから来られましたか。分かることからで構いませんので、思いつく順番に、何でもいいから言ってみてください。

先ほどの方（第3章に登場したベガ星人）を知っていますか。あなたは先ほどの方をご存じですか。

ベガ星人　ああ、ああ……。

大川隆法　ん？　分からない？

ベガ星人　分からない。

大川隆法　よく分からないの。あなたは、どんなことをしていたんだろうね。でも、宇宙から来たでしょう？

ベガ星人　うーん。

大川隆法　宇宙から来たでしょう？

ベガ星人　うん。うーん。

大川隆法　よく分からない？

ベガ星人　うーん。

大川隆法　円盤《えんばん》を見た覚えはありませんか。空飛ぶ円盤。

ベガ星人　円盤？

大川隆法　乗ったような記憶《きおく》はありませんか。

ベガ星人　円盤？　円……。

大川隆法　分からない？

ベガ星人　分からない。

大川隆法　分からない？　うーん、どんなことならしゃべれそうですか。

ベガ星人　うーん。

大川隆法　でも女性ですよね。

ベガ星人　うん。

大川隆法　女性ですよね。女性だよね。確かにそうだね。女性だね。うん、うん。
元の星のことを思い出せませんか。

ベガ星人　うーん。

大川隆法　ずいぶん昔だからねえ。思い出せないかあ。

ベガ星人　うーん。

大川隆法　忘れたかな？

ベガ星人　うーん。うん、うーん。

大川隆法　でも、何か言えそうだね。

さあ、頑張《がんば》ってみよう。はい、表面に浮《う》いてきてください。はい、表面のほうに浮いてきてください。前のほうに出てきてください。

はい、魂の姉妹は後ろへ下がってください。魂の姉妹は後ろに下がって、宇宙の魂が前のほうに出てきてください。前のほうに出てきてください。はい、宇宙の魂が前のほうに出てきてください。前のほうに出てきてください。

あなたはどなた？　あなたはどなた？

ベガ星人　うーん。

大川隆法　どなた？　どこから来たの？

ベガ星人　分かんない。

大川隆法　分からない？

ベガ星人　明るい。

大川隆法　明るい？　明るい。うーん。

ベガ星人　まぶしい。

大川隆法　まぶしい？　地獄《じごく》から来たのではないでしょうね。何だか心配になってきたね（笑）。うん、そう。

司会　ベガという星ですか。

ベガ星人　ううーん。

大川隆法　分からない？

こちらに移しましょうか。もう少し頑張ってみる?
しゃべるかもしれないんだけれども、ちょっと自信がないのか、何か緊張していますね。

司会　それでは、先生、よろしくお願いします。

ずいぶん長い間、宇宙を放浪《ほうろう》していた

大川隆法　こちらに入れましょうか。あなた(D)はしゃべりにくそうですので、私のほうに入れて、彼に質問してもらいますね。

はい。この者に宿りたる宇宙の霊《れい》よ。大川隆法の体のほうに移動して、お話しください。

この者に宿りたる宇宙の霊よ。大川隆法のほうに移って、お話しください。

ベガ星人　（泣く）

司会　どうしましたか。

ベガ星人　いや、悲しいんです。ああ悲しい。悲しいんです。

司会　どうして悲しいんですか。

ベガ星人　なんか、もう悲しい。何だか悲しいんです。ずいぶん長い間、ずいぶん長い間、私、放浪《ほうろう》していたんです。

司会　ああ、そうですか。

ベガ星人　自分が何者だか分からなくて、ずいぶんずいぶん放浪していたんです。

司会　今世《こんぜ》の話ですか。

ベガ星人　え？

司会　地球に来るまで放浪したのですか。

ベガ星人　いいえ。もう、ずーっと放浪しているんです。だから、もう本当に、私は、自分が何者だか分からないんです。もう、ずーっと、いつも放浪しているんです。放浪する癖《くせ》があって、自分が何者か分からないんです。

司会　どこの星から来たかは覚えていますか。

ベガ星人　はあ？　はあ？　おわ……。

司会　宇宙のどの星から来ましたか。

ベガ星人　宇宙から来たと思いますけど、放浪していたと思います。ですから、もう、宇宙でも地球でも放浪しているんです。私は、自分が何者かがよく分からなくて……。

母船でクッキング担当をしながら、地球にやって来た

司会　先ほどのベガの方（C）は覚えていますか。お知り合いですか。

ベガ星人　あの方は、とても偉《えら》い方なのではないでしょうか。とても偉い方なので、「知り合い」という言い方は、ちょっと難しいと思います。

司会　ご縁《えん》はありますか。同じ星にいた記憶はありますか。

ベガ星人　ええ、ずっと偉い方です。ずっと偉い方なので、私は……、そうだ、でも知っていますね。

司会　そうですか。

ベガ星人　はい。

司会　一緒《いっしょ》に地球に来られたという記憶はありますか。

ベガ星人　私は……、ああ、そうです。母船に乗りました。そして、私は、そのときは、母船でクッキング担当をしていました。

司会　お料理が上手なんですね。

ベガ星人　はい、そうです。クッキングをしていました。

司会　地球には、ラ・ムー様のときに来られたのですか。

ベガ星人　はい。来ました。そうです、そうです、そうです。うん。

司会　そして、それから、地球人として生まれ変わられたのですね。

ベガ星人　うーん。でも、その間《かん》、いろいろあるんです。簡単ではないんです。

司会　そうですか。

ベガ星人　だから、元の星から出たときも大変だったんです。

私は、親兄弟とも別れて家から出てきました。親兄弟、親戚《しんせき》、みんな私と縁を切ったんですが、それでも「行きたい」と思って志願して、宇宙船に乗り込《こ》んで来たんです。家族はみんな反対して、「もう会えないよ」と言われて出てきて、実際に会えなくなりました。

司会　うーん、そうですか。でも、勇気を持って出てこられたのですね。

ベガ星人　そうなんです。私、放浪癖《へき》があるんです。

母星では「植物の品種改良」を研究していた

司会　ベガという星は、どんな星なのでしょうか。そのことについて、少し教えていただきたいんですけれども。

ベガ星人　はい。分かるように言うと、ちょうど、そうですね……。近くのもので言うと、「背景に夕日が見える新宿」のように見えますね。高層ビルが建っていて、でも、空がちょっと赤いように見えますね。

そして、小型の自家用自動車のような、ＵＦＯのようなものは飛んでいますね。わりに低空で、地上十メートルから百メートルぐらいの高さを行き来しています。高速道路に似たものはあるんですけれども、それは、エンジントラブルを起こしたときだけ、そちらに降りて車で走るようになっていて、普通《ふつう》は走らないんです。空を飛んでいるのですが、ときどき、故障したり、調子が悪くなったりすることがあるので、車用の道路はあります。
人間は、歩くことはできるんですけれども、歩くのはあまり好きではないので、努力して体を鍛《きた》えないと退化してしまいますね。

司会　三次元の地上があるということですね。

ベガ星人　あります。

司会　今までに出られたベガの方からは、「変化」の教えが中心であることや、再生治療《ちりょう》法のようなものが得意だということを聞いたのですが、それ以外に、何か特《とく》徴的《ちょうてき》なものはありますか。

ベガ星人　私は、植物がとても好きで、植物をいろいろと育てたり、変種させたり、合体させたり、新種のものをつくったりしていました。
そういうことがとても好きで、ベジタリアンの人たちが好みに合ったものを食べられるように、植物の品種改良をし、いろいろと手を加えて、違った匂《にお》いや味や食感が出るような研究をしていました。元の星の時代には、そういうことを仕事にしていました。

そして、分かるように言うと、少し新宿に似ているけれども、四角いビルではなく、尖《とが》った三角のようなビルが建っていて、夕日が後ろに見えています。高速道路に似たものは、いちおうビルの合間に走っていますが、自家用のUFOのようなものが飛び交《か》っていて、遠くに星も見えます。

そのように、新宿のようだけれども、マンハッタンのようでもあります。

でも、郊外《こうがい》に行くと、湖と森があって、その反対側には牧草地があります。さらに、畑が広がっていて、穀物をつくっています。そのなかには、植物工場のようなものもありますね。そして、湖には生き物もたくさん住んでいます。

だから、環境《かんきょう》は、地球とそう大きく変わらないのではないかと思いますね。

司会　ベジタリアンの星なのでしょうか。

ベガ星人　そうです……。いや、そうでもないです。私たちはベジタリアン系でしたけれども、人によって、ちょっと違いはあるかもしれません。

ああ、そうか……、地球では、お魚を食べる人もベジタリアンと言うことがあるんですか。うーん、確かに、お魚を食べる人はいますね。お魚を食べる人と食べない人とがいますが、野菜と穀物等は食べていて、それをどのように育てて加工するかということに、私は関心がありました。

ラ・ムーを助けるため、「救援隊《きゅうえんたい》」に志願した

司会　ベガ星は、非常に進化した星のように思えるのですが、そういう星を去ってまで、地球に来たかった理由、動機について教えていただけますか。

ベガ星人　先ほどの方はアイアと呼んでいましたね。地球ではベガと呼んでいますけれども、私たちはアイアと呼んでいます。

私が来るもっと前から、アイアの先発隊がすでに地球に来ていて、その人たちから定期的に報告等が来ていたんですけれども、あるとき、「地球が危機的状況《じょうきょう》にある」というＳＯＳの報告が来たのです。

「ムーという大陸が危機にさらされている。救世主が降りているけれども、このままで行けば、未来予知的には大陸がなくなるかもしれないので、もっと愛の教えなどを広げなければいけない。ラ・ムー様を助けなければいけない」と、仲間が言ってきていました。

それで、救援隊《きゅうえんたい》というか、遭難《そうなん》救助隊のようなものを派遣《はけん》して助けようということで、青年海外協力隊のようなかたちで志願者を募《つの》ったのです。

司会　ああ、なるほど。

ベガ星人　「帰って来られないかもしれないし、命に危険があるかもしれないけれども、それでもよいか」ということで募集《ぼしゅう》をかけられ、私はそれに応募しました。親兄弟からは反対を受けたんですけれども、「行ってみたい」と思って、地球に来たのです。でも、若かったし、地位はそんなに高くはありませんでした。

司会　ああ、そうですか。

ベガ星人　ええ。

司会　そのときの地球の危機というのは、どのような危機だったのでしょうか。

ベガ星人　うーん、そうですね。先ほどの方は、はっきりとはおっしゃらなかったんですけれども、ムーが攻《せ》められていたんですね。ほかの大陸に住む者から攻められていました。

そして、攻めているほうは、ほかの種類の宇宙人から技術供与《きょうよ》を受け、今の核《かく》兵器によく似た新しい兵器を開発していたので、その兵器で攻撃《こうげき》を受けたら非常に危ない状況だったのです。

そのため、ムーのなかも、「もう降参してしまって、植民地になろう」という人たちと、「いや、あくまでも徹底抗戦《てっていこうせん》し、独立を護《まも》り抜《ぬ》こう」という人たちとに分かれているような状況でした。

ほかのエイリアンたちが侵略《しんりゃく》に加担していることは分かっていたので、われわれの先発隊というか、先に地球へ行っていたベガの人たちは、ムーを護るほうに入っていたのですが、力が足りないために、助けを求めてきたということなんですね。

ムー侵略《しんりゃく》に加担していたレプタリアン系の宇宙人

司会　ラ・ムー大王と、ムーの人々は、最終的に、その危機をどのように乗り越《こ》えていったのでしょうか。

ベガ星人　まあ、科学技術的には、地球のレベルでは多少敵《かな》わないような力が入っていました。それは、いわゆるレプタリアンの一種によるものですね。その勢力が、今のアフリカ地域のほうで非常に強くなってきていて、ムーを攻めようとしていたのです。彼らは、今のミサイルに似たものもつくっていたようです。

それで、われわれの先発隊は、「それに対抗しなければいけない」ということで、小型円盤をいつも浮かせて防衛に入っていて、「ミサイルのようなものが飛んできたら、それを撃《う》ち落とす」ということはしていたようです。

けれども、人数的に少し足りないし、「どうにかしないと、このままでは帝国《ていこく》が滅《ほろ》びるのではないか」というような状況でした。

ラ・ムー大王は、「とにかく、ムーを一つにまとめなければいけない」ということで、やはり信仰心《しんこうしん》によってまとめようとされました。それから、「敵方には宇宙人がついているけれども、こちらにも宇宙人がついているから安心しなさい」というようなことも言っておられました。

ただ、ラ・ムー様は、愛や慈悲《じひ》、反省の教えを非常に強く説いておられたのですが、それに対して、「そんな教えでは滅びてしまうのではないか」という疑問を持つ人たちが出てきたのです。

「そんな教えではなくて、攻撃とか、憎《にく》しみとか、憎悪《ぞうお》とか、そういう感情をもっと強く打ち出し、『正義のためなら敵はいくら滅ぼしてもよい』というような教えを説くべきだ。そうしないと、侵略《しんりゃく》を免《まぬが》れることはできない」と言う人もいたりしました。要するに、「愛の教えを守っていたら、負けてしまうのではないか」ということで、神への疑いが出てきていた時期ですね。

だから、われわれも協力しなければいけないということで、支援に来たのです。そのように、「人間界の戦い」と「宇宙の戦い」の両方が起きておりました。

ムーには、ピラミッドがあり、ピラミッド・パワーというものを使っていました。ピラミッドは、宇宙からエネルギーを引くためにつくられたものです。当時は、「ピラミッドのなかで、いわゆる超能力者《ちょうのうりょくしゃ》たちが瞑想《めいそう》、禅定《ぜんじょう》をすることにより、宇宙からエネルギーを引いてくる」というようなことが流行《はや》っていたのです。はっきり言えば、ピラミッドのなかで「宇宙禅定」をし、味方の宇宙人を呼ぼうとしていたと言うべきかな？　まあ、そういうふうにして助けを呼んでいて、実際に助けも来ていたということです。

司会　はい。

ベガ星人　地球人のSOSをキャッチしていたということでしょうかね。先ほどの方（C）は、指導者の一人なので、決死の覚悟《かくご》で来られたのだと思います。

司会　それでは、宇宙人と、ラ・ムー大王と、国民の力を合わせて、敵を打ち破り、国難を乗り越えたということですか。

ベガ星人　そうなんですよ。だから、エンリル系の人たちが、エル・カンターレに呼ばれたにもかかわらず、だいぶ時間もたったので、独立をかなり画策していて、エンリル［注］を創造神、造物主にしようとしていたのです。

科学技術的にはレプタリアン系が優勢だったため、彼らは、「われわれが人類をつくったのだ」と言い続けていて、みんなもそのような気持ちになってきていました。

ラ・ムー大王は、「いや、ほかの星からも宇宙人はたくさん来ているし、地球でも人類は創られたのだ」と説いておられたのですが、だんだん、あちらの言うことを信ずる人が増えてきて、だいぶ負けそうな感じになってきていました。それに対して、巻き返しに入っておられたということですね。

金星ルーツの宇宙人たちが救援《きゅうえん》のために結集した

司会　当時、ラ・ムー様の側についた宇宙人と、敵方の宇宙人というのは、具体的には、どのような星の人たちだったのでしょうか。

ベガ星人　ラ・ムー様側についたのが、琴座《ことざ》のベガ、ケンタウルスα《アルファ》、それから、有力だったのは、やはりプレアデス系の人たちです。

金星ルーツで、心がねじ曲がらないまま残っていて、いろいろな星で生きていた人たちが、救援《きゅうえん》に集まってきていました。「金星の元神《もとがみ》、元津神《もとつかみ》がやってこられるから、助けなくてはいけない」ということで、金星ルーツの人たちが結集してきていたのです。

一方、レプタリアン系のほうは、金星ルーツではなく、地球に呼ばれて手助けに来たつもりでいたのに、いつのまにか地球の支配者になろうとしていたのです。

そのように、派閥《はばつ》がはっきり分かれてきていて、レプタリアン系のほうも、〝植民地〟を増やそうとし、自分たちへの信仰を増やそうとしていました。

そのため、宗教的に見ても、「一《いっ》なる神」がどちらなのか、分からないような状態になっていて、現在の宗教的な混乱のようなものが、当時、すでに起きておりました。それで、愛とか、慈悲とか、反省とかを説く神様というのが、とても弱く見えていたのです。

司会　なるほど。

ベガ星人　「徹底的に敵を攻撃せよ」とか、「競争に勝て」とか、強く言うほうが、進化の神として有力に見えたということですね。ちょっと、そういう戦いが……。

司会　それは、マゼラン星雲のゼータ星から来た人たちですね。

ベガ星人　そうそうそうそう。それ以外にもいるんですけれども、まあ、主力はそこですね。

司会　そうでしたか。

ベガ星人　はい。

「地の果てまでも伝道せよ。」という言葉に激しく共鳴している

司会　（Dに）ご本人から何か訊《き》きたいことはありますか。

D――　今世《こんぜ》の使命は何でしょうか。

ベガ星人　使命ですか。

D――　はい。

ベガ星人　私の使命ですか。今世はですね、変わった使命があります。とっても変わった使命があって、あなたは、「地の果てまでも伝道せよ。」という言葉に、とても惹《ひ》かれてやって来ているんです。

過去世《かこぜ》での宇宙放浪癖が、今、激しく共鳴してきていて、今世は「地の果て」まで伝道し、来世は、地球から他の星に伝道しようと考えていますね。

来世、生まれ変わるときには、地球から他の星に伝道がかかると見ているので、そのときには、今世の経験を智慧《ちえ》に変えて、この信仰を他の星に広げようと、今、考えています。そのための訓練を、今世、積もうと考えているところですね。

エル・カンターレに「始原の法」を説いていただきたい

司会　先ほどの方（C）のリーディングを行う前に、大川総裁が、「宇宙の秘密の根幹部分に触《ふ》れるのではないか」という趣旨《しゅし》のことをおっしゃいましたが、それについて何かご存じのことはありますか。

ベガ星人　うーん。まあ、私のような者が語ってよいのかどうかは分からないのですけれども、エル・カンターレには、まだ隠《かく》された秘密があるのです。その隠された秘密とは、エル・カンターレの「隠された法」のことです。

今世、明らかにされるかどうかは知りませんが、「創造の法」の奥《おく》にある宇宙創造と生命創造の法のところですね。それを本当に説いてくださるかどうか、今はちょっと分からないんですけれども、私たちも注目しているのです。

宇宙の人たちが、どうして、このように種類が変わっていったのか。どういう目的があってつくられ、どういうふうに変わってきて、進化の過程としては、今、どのあたりを辿《たど》っているのか。それは成功しているのか、失敗しているのか。

また、地獄ができてしまったことについて、どのように考えておられるのか。

それから、「レプタリアンには天国も地獄もない」と言っていることを、エル・カンターレは、どう解釈《かいしゃく》されているのか。

まあ、そのようなことについて明かしていただけるのかどうかを、われわれは共同して、先生に〝吐かせよう〟と思っているところです。はい。

司会　教えを乞《こ》いに来ているわけですね。

ベガ星人　そうそう、そうです。言葉を間違えました（会場笑）。「人類の秘密を明かしてください」と、教えを乞いに来ているんです。

司会　以前、他のベガの方が、「アルファの法」ということを言っておられましたね（『宇宙人との対話』第4章参照）。

ベガ星人　隠された秘密、「アルファの法」……。

司会　「始原の法」ですね。

ベガ星人　ええ、「始原の法」です。根源の法を説けるのです。

今は、まだ、お釈迦《しゃか》様やイエス様の法に、宇宙の法が少し加わったあたりで止まっていますけれども、「始原の法」をお説きにならなければいけないと思いますよ。

地球では、「神は、六日で地球をつくり、七日目でお休みになった」というような創世記がまかり通っておりますけれども、こういう、人間が書いたものではなくて、きちんとした宇宙の創世記、つまり、「宇宙は、どういうかたちで構想され、創られてきたか。どのようにして生命が生まれ、進化し、さまざまな星に移り住んできたか」について、できるだけ具体的に法を遺《のこ》されなければならないと思います。

地球人は、今、われわれが話している内容から見ても、非常に無知の世界に生きているし、「霊界」「あの世」を信じていないだけでなく、「宇宙人」も信じていません。宇宙のスター・ピープルもスペース・ピープルも信じておらず、「人生はこの世限りで、死んだら終わりだ」と思って生きています。そういう非常に狭《せま》い哲学《てつがく》のなかで生きているのです。

これはおそらく、人類史的に見ると、かなり危機的なことが起きる前触れだと、われわれは見ています。もうすぐ、大きな地球的な危機が来るような気がするのです。

その前に、そういう真実の法を弘《ひろ》めて、人々を改心させなければいけません。真実を求めないことをもって、「科学する心」と捉《とら》えているならば、それは悪魔《あくま》の教えだと私は思っています。

だから、私たちの仲間を増やさなければいけないと思うのです。

司会　そうですね。今日は本当にありがとうございました。

大川隆法　はい。ありがとうございました。

［注］エンリルは、古代シュメールの指導者で、大気・嵐《あらし》の神として有名。地上に出たときには、当時アヌと呼ばれていた天空神《てんくうしん》（エル・カンターレ）から霊指導を受けた。九次元存在であるが、荒神《あらがみ》、祟《たた》り神の系統である。三億数千万年前にマゼラン星雲（ゼータ星）から地球に移住したレプタリアン。『太陽の法』第1章、『「宇宙の法」入門』第1章参照。

第5章

ゼータ星に住んでいた猫《ねこ》型宇宙人

［二〇一〇年六月十八日収録］

ゼータ星に住んでいた猫《ねこ》型宇宙人

マゼラン星雲のゼータ星には、レプタリアンが住んでいるが、本章に登場する宇宙人は、レプタリアンではない。ゼータ星人の宇宙船に乗せられて、地球へ連れて来られたという。

［対象者（女性）はEと表記］

私は〝猫の星〟から連れて来られた

（Ｅが席に着く）

大川隆法　この人（Ｅ）は、宇宙人なのでしょうか。「かなり面白《おもしろ》いものが出てくるのではないか」という説もありますが、どうなのでしょうか。まあ、何が出てくるか……。

事前にインタビューをしてみましょう。（Ｅに）どのような宇宙人が出てきそうな予感がしますか。

Ｅ――　分かりません。

大川隆法　分からない？　分からない？　まあ、分からないか。では、調べてみましょう。

（Ｅに両手をかざす。約十五秒間の沈黙《ちんもく》）

うーん。何か、面白い形のものが見えてきます。これは……。うーん、説明ができるかなあ。

ちょっと、トライしてみましょうか。新種かもしれません。

では、心を丸くしてください。心を調和して、丸い心を持ってください。すべてを委《ゆだ》ねてください。全託《ぜんたく》してください。計らい心を捨てて、すべて、お任せください。あなたは安全です。安心です。何の心配もありません。あなたは護《まも》られています。

（約五秒間の沈黙ののち、Ｅに右手をかざす）

この者のなかに宿りたる宇宙の魂《たましい》よ、この者のなかに宿りたる宇宙の魂よ、この者のなかに宿りたる宇宙の魂よ、この者のなかに宿りたる宇宙の魂よ、私の声が聞こえますか。

この者のなかに宿りたる宇宙の魂よ、私の声が聞こえますか。この者のなかに宿りたる宇宙の魂よ、私の声が聞こえましたら、合掌《がっしょう》している手で、合図をしてください。

（約二十秒間の沈黙）

この者のなかに宿りたる宇宙の魂よ、表面に出てきてください。表に出てきてください。表側に出てきてください。怖《こわ》くありませんから、表側に出てきてください。表側に出てきてください。出てきてください。出てきてください。

（約二十秒間の沈黙）

話ができそうですか。話ができそうでしたら、合掌している手を上に上げてください。難しそうなら、手を下げてください。

話ができそうでしたら、手を上に上げてください。

（約十五秒間の沈黙ののち、Ｅが合掌している手を下げる）

ん？　ああ、はい、分かりました。

では、私のほうで受けてみます。もしかしたら、ちょっとショックを受けるかもしれませんが、いいですか。嫌《いや》？（笑）

それでは、私のほうで受けます。

この者に宿りたる宇宙の魂よ、大川隆法を通じて、その姿を明らかにし、その考えを明らかにしたまえ。

この者に宿りたる宇宙の魂よ、大川隆法のほうに移動して、その姿、その考えを明らかにしたまえ。

（約三十秒間の沈黙）

司会　あなたは、どちらの星からいらっしゃいましたか。

猫型宇宙人　私、嫌《きら》われてるんです。

司会　どうしてですか。

猫型宇宙人　私、嫌われてるんです。とっても嫌われてるんです。私、嫌われてるんです。どうして、こんなに恥《は》ずかしい目に遭《あ》うんでしょう？

私、嫌われてるんですけど……。困ったあ。

司会　どちらの星からお越《こ》しになりましたか。

猫型宇宙人　うーん、嫌われてるんです。それに答えると嫌われるから……。嫌われるの嫌《いや》なんです。今でも十分嫌われているのに、もうこれ以上嫌われるの嫌《いや》です。

司会　あなたは女性ですね？

猫型宇宙人　もちろんそうです。色気があるでしょう?
司会　今まで出てきた宇宙人のなかで、あなたと同じ種類の方はいますか。
猫型宇宙人　うーん、いないかもしれません。
司会　初めてですね?
猫型宇宙人　そうです。でも、尊敬されるようなものではないんです。
司会　訊《き》いても、よろしいですか。
猫型宇宙人　はい。お答えはしますが、私からは言いません。お答えならしますが、私からは言いません。
司会　はい。

　では、地球の生き物で、あなたと似たようなものはありますか。

猫型宇宙人　はい。

司会　猫ですか。

猫型宇宙人　どうして、そんなにすぐに出てくるんですかあ。

司会　何か、そういうイメージがちらっと出てきました。

猫型宇宙人　どうして、そんなに早いんですかあ。つらい……。どうして、そんなに早く言うんですか。私、嫌《いや》です。

司会　私の心のなかに、かわいいシャム猫さんが出てきましたけれども。

猫型宇宙人　嘘《うそ》です。あなた、今、嘘つきました。

司会　（苦笑）

猫型宇宙人　あなた、嘘つきました。シャム猫のような、かわいいものじゃないんです。あなたの見たのは山猫でしょう？　もっと大きいやつでしょう？　違《ちが》いますか。

司会　あの……、どちらの星からお越しになりましたか。

猫型宇宙人　ええ、〝猫の星〟ですよ。猫はね、地球の生き物じゃないんです。

司会　そうなんですか。

猫型宇宙人　あれ、宇宙から来たんです。

司会　猫は、人からとても好かれていますよ。

猫型宇宙人　猫？　そう？

司会　はい。

猫型宇宙人　そう？

司会　猫は癒《いや》し系なので、人気があります。

猫型宇宙人　そう？　私、女性的だもんね。そうですよね。そうなんです。猫は地球産ではないんです。連れて来られたものなんです。

司会　そうですか。

猫型宇宙人　はい。宇宙から来てるんです。ペットとして来たものなんですよ。

猫によく似た姿をしていて、体長は約三メートル

司会　どちらの星から、誰《だれ》に連れて来られたのですか。

猫型宇宙人　えっ？　いや、私、ペットじゃないんですよ。私はペットじゃなくて、ペットを生んだ「親ペット」なんです。

司会　非常に難しいですね。

猫型宇宙人　はい。だから、ペットじゃないんです。ペットの親ペットなんです。

司会　猫型の……。

猫型宇宙人　ロボットじゃないんです。

司会　（笑）人なんですね？

猫型宇宙人　私《わたくし》は、その……。あーん、つらい。恥《はじ》かかされたあ。

司会　いいえ、猫はかわいいですよ。

猫型宇宙人　こんなの、全国にかけられたら（収録映像が公開されたら）、恥ずかしい。お嫁《よめ》に行けなくなるから、嫌です。

司会　とってもかわいがられると思いますよ。

猫型宇宙人　そうかな？　だから、どら猫によく似た姿をしていますが、もう少し大きいんです。

司会　どのくらい大きいんですか。

猫型宇宙人　うーん、そうですねえ、三メートルぐらいあります。

司会　ずいぶん大きいですね。

猫型宇宙人　そうですね。でも、性格は温和なんです。温和なんですが、一部、地球でいたずらされたやつが、虎《とら》やライオンになってしまったんです。凶暴化《きょうぼうか》したのが、あんなものになって、私のいい性格を受け継《つ》いだものが、ペットになっていったんです。

司会　分かりました。

猫型宇宙人　宇宙人の猫だって、猫語をしゃべるんですよ。

司会　お話を聴《き》いていると、とてもしなやかな波動《はどう》を感じます。

猫型宇宙人　そうなんです。セクシーなんです。とってもセクシーなんですけど。あなた、尻尾《しっぽ》を振《ふ》ってるの、好き?

司会　（笑）尻尾を振る方《かた》が好きな人はたくさんいると思いますよ。

猫型宇宙人　そう？　なら、友達。

司会　地球では、人気があると思います。はい。

猫型宇宙人　じゃあ、お友達ね。

レプタリアンの食料としてゼータ星で飼われていた

司会　太陽系の星から来られたのですか。

猫型宇宙人　私《わたくし》？

司会　はい。

猫型宇宙人　もっと遠い所から来ました。

司会　何という星ですか。

猫型宇宙人　うーん。うーん。そうですねえ。これを言うと、お嫁に行けなくなるかもしれないんだ。だから、困ったなあ。

当ててください。

司会　そうですか。それでは、銀河系ですか。それともマゼラン星雲ですか。

猫型宇宙人　んっ、とー、とー、当たったあ。当たったあ。困ったなあ。

司会　ケンタウルス座のβ《ベータ》星ですか。

猫型宇宙人　ああ、違う、違う、違う。そうではなく……。

司会　ゼータ星ですか。

猫型宇宙人　そうです。すみませーん。でも、でも、あの……。

司会　ゼータ星にも何種類かいるんですね？

猫型宇宙人　ゼータ星の、その……、爬虫類《はちゅうるい》とは違うの、分かります？

司会　ええ。もう、全然、波動というか、雰囲気《ふんいき》が違いますね。

猫型宇宙人　爬虫類じゃないでしょう。ねえ？　私は、あんな爬虫類とは違って、爬虫類の餌《えさ》なんです。

司会　あららら……。

猫型宇宙人　餌なんです。餌として飼われていたんです。でも、人間なんですよ。

だから、猫型人間なんですけど、性格が温和なために、いやらしいレプ（レプタリアンの略）が、私たちを食料としてニワトリのように飼っていたんですよ。

だから、うーん、いつも仲間が食べられていて、かわいそうに……。宇宙船のなかでも飼われていて、大きくされて食べられるので、もう本当につらくて、つらくて……。もう本当につらいんです。

でも、三百語ぐらいですけど、言葉もしゃべれたし、私たちはとってもきれい好きなので、宇宙船のなかで飼っておくと、ピカピカに掃除《そうじ》するんです。それで、役に立つので、お掃除ロボットの代わりに使われていたんですけど、食料にもされていたんです。

だから、とてもかわいそうなんです。でも、人間のような高度な感情を持っていたんです。そして、地球の哺乳類《ほにゅうるい》の先祖の一つなんですよ。

司会　そうですか。

猫型宇宙人　とっても尊い使命を果たしたんですけど、食料であったことは事実なので、つらいんです。
でも、彼らは、浮気《うわき》をして、私たち以外にも、もう一つ、豚《ぶた》も飼っていたんですよ。そして、「豚のほうがおいしい」と言って、いじめるんですよ。
けど、不潔でしょう？　だから、私は、豚の不潔さと臭《にお》いが嫌いでしたし、豚が汚《よご》したところを後片付けするのは、本当に嫌でした。

司会　大変でしたね。

猫型宇宙人　宇宙船のなかで豚と猫が飼われていて、猫が、宇宙船を掃除して、あの臭いを消すのを仕事にしてたんですよね。だから、もう……。

司会　地球では、猫は食べられませんから、安心してください。

宇宙船のなかで詩を書くのが得意だった

司会　ところで、あなたは、地球で転生輪廻《てんしょうりんね》を繰《く》り返して進化し、今に至るのでしょうか。

猫型宇宙人　え？　いやいや、猫は、もともと人間なんです。だから、猫が人間になったんじゃなくて、猫は人間だったんです。猫は人間だったんですけれども、ちょっと小型化してしまったんです。

司会　うーん……。

猫型宇宙人　猫は、どちらかというと、主としてペット兼《けん》食べ物として養われていたけど、今、あなたがたが感じる以上に、高度に人間的な感情を持っていたんです。
　私なんかは、宇宙船のなかで詩を書くのが、得意だったんです。

司会　うーん。

猫型宇宙人　だから、詩を書いていましたよ。宇宙船の窓から、「流れる星々について」とか、そういうのを書いていました。

司会　そうですか。

猫型宇宙人　はい。

司会　とても文学的ですね。

猫型宇宙人　そうなんですよ。高度な感情があって、それは護《まも》らなければならないものなんです。

私はあんな乱暴な人たち（レプタリアン）に仕《つか》えるのが嫌で、裏切り者として、エル・カンターレ系のほうに逃《に》げ込《こ》んできたんです。

「猫型宇宙人」想像図

通信機械の代わりに使われている猫もいた

司会　地球には何を学びに来られましたか。

猫型宇宙人　え？　地球には、だから、餌としてやって来て……。

司会　あ、そうでしたね、はい。

　では、地球に来てから、何を学ばれましたか。

猫型宇宙人　「地球には、ほかにも弱い生き物がいる」ということを知りましたのと、同じように食料にされている動物たちの悲しみをたくさん勉強しました。草食系動物と肉食系動物があって、動物を餌にしているものもいれば、食べられる側の、草を食べている草食系のものもいたわけです。

　そして、猫科のものは、長らく、地上の人間と一緒《いっしょ》にいることができたんですが、われわれ猫科のなかには特別な才能を持っているものがいて、通信機械の代わりに使われているものもいました。特殊《とくしゅ》な装置が脳に埋《う》め込まれた猫を家で飼うと、その家の情報が、全部、宇宙船のほうにつながるのです。

そのように、家をモニター（監視《かんし》）する役として、各家庭に送り込まれていたわけです。私《わたくし》たちの陰《かげ》の面として、〝ＣＩＡ〟の仕事もしていたんです。

司会　先日、出張先で、あるホテルに泊《と》まったとき、部屋に鳩《はと》が入ってきたのですが、もしかしたら……。

猫型宇宙人　いや、それはあるかもしれませんが……。私《わたくし》は、鳩は、食糧なので、ちょっと……。

司会　（Ｅに）何か訊きたいことはありますか。

今世《こんぜ》、肉体を持って生活している本人へのメッセージ

E――　え？　……。

司会　何か、本人にメッセージはありますか。

猫型宇宙人　そうですねえ。まあ、長い転生の過程で、食べられ続けた悲しさというのは、もう、いかんともしがたいですし、そのなかで、「明るく、強く、希望に満ちて生きる」というか、「未来に夢を持って生きる」ということは、とても難しいことかとは思います。

しかし、今回は、非常に大きな、魂の飛躍《ひやく》のときであるので、できれば、人間の女性として、非常に磨《みが》かれた知性と、外見の優雅《ゆうが》さを身につけて、他の、まだ迷える種族の魂たちを、見事にエル・カンターレ系団の人類として導いていきたいと思います。

特に、「今、人口増を目指している日本のなかに、数多く人間として生まれてもらい、日本の人口増に寄与《きよ》したい」というようなことを考えていますが、「そのための教育者が私である」と、今、考えているところです。

司会　エル・カンターレのお役に立つ上で、何か、彼女だけの強みとか、彼女に期待されていることとかはありますか。

猫型宇宙人　そうですね。私は、やはり何と言っても「打たれ強い」です。

それに、他の方は非常に自信がおありで、私の目には、競争心や名誉心《めいよしん》、自己顕《けん》示欲《じよく》に恵《めぐ》まれた方がとても多いように映るんですけれども、私は、そういう道ではなく、「神仏への奉仕《ほうし》の道をひたすら歩んで、信仰者《しんこうじゃ》として堅実《けんじつ》に成長していきたい」と考えています。

ですから、私の徳を言葉で表すとすると、やっぱり、「忍耐《にんたい》」です。忍耐の徳と、それから何でしょうか。うーん、まあ、うまくいけば、「優雅さ」のようなものも出せるかなとは思っております。

きっと、もっともっと魅力的《みりょくてき》な女性に変身できるのではないかと思っています。

猫や犬などを経由して、人間に生まれ変わるパターンもある

猫型宇宙人　勘違《かんちが》いしないでいただきたいのですが、猫が、今、人間に生まれ変わったわけではありません。私は、化け猫ではなく、もともと、魂としては完成された宇宙人の一種ではあって、いろいろな転生の過程で、人間の生活を学んでいたんです。

よく言うじゃないですか、「人間の体にウォーク・イン〔注〕して、人間の習性を学んでから生まれ変わる」というのがありますけれども、猫や犬のようなペット類も、家に入れてもらえるので、人間の生活を観察できるんですよね。ですから、猫とか犬とかのスタイルを経由して、人間に生まれ変わってくるパターンもあるんです。

司会　ほう。

猫型宇宙人　ウォーク・インのルートから、人間に生まれ変わる場合もあるけど、猫ルートや犬ルートから、人間に生まれ変わる場合もあるんですよ。

司会　ああ、そういうことなんですか。

猫型宇宙人　ええ。ですから、徳の高い、例えば、「大川家に飼われているペットのウサギになると、人間に生まれ変わるチャンスは、もう近い」とか、そのようなことがあるわけですね。

司会　うーん……。

猫型宇宙人　われわれは、もともと、ちゃんとした宇宙人類なんです。地球で退化して体が大きくなったものは、原始林のほうに行ってしまいましたが、小さくなったものは、家庭で飼われていって、そのなかで、人間的な情報・知識・経験を学び、神様から「人間の肉体に宿ってもいい」と許可されたものは、やがて、人間に生まれ変わっていったのです。

猫は、人間に生まれ変わる一つ前のステップとしてよく使われていて、そういう転生の過程にいる仲間はたくさんいます。

だから、猫のなかにも、人間の言葉を理解する猫と、理解しない猫がいるんですね。人間の言葉を理解する猫は、もともとの自覚をちゃんと持っていて、人間になる気満々の猫であり、一方、理解しなくなった猫は、退化した猫なんです。

夏目漱石《なつめそうせき》の小説に『吾輩《わがはい》は猫である』がありますけど、あれは実にわれわれの生活をよく表しているので、「漱石も昔は猫だったのではないか」と、私は想像しているんです。

あのような感じで人間社会を見て、「次、人間に生まれたら、こういうことをしよう」ということを研究しているんです。いろんな家庭に行って勉強し、そして、「次は、こんな所に生まれて、こんな生活を送りたい」ということで、選ぶんです。

地球の人口が増えている本当の理由とは

猫型宇宙人　明治のころに、三千万人しかいなかった日本の人口は、今、一億三千万人でしょう？　一億人も増えました。これは、外国から日本に転生しただけではありませんね。宇宙から来た者もいますけど、人間の身近にいたものから転生してきた者もいるんですね。そういうペットのたぐいで、長らく人間生活を見てきて、知識を得て、人間に生まれた者もいるんです。

でも、私《わたくし》は、そういう家畜《かちく》ではなく、ティーチャーなんです。

司会　分かっていますよ。はい。

猫型宇宙人　だから、この方は、猫型宇宙人のスペース・ティーチャーとして、地球に来た者なんです。餌でもあったけれども、スペース・ティーチャーでもあったのです。

だって、ゼータ星のような所は、ワニとか、トカゲとか、翼竜《よくりゅう》とか、もう、そんなのばっかりですから。

猫なんて、すごく上品じゃないですか。

司会　ええ。猫はかわいいです。

猫型宇宙人　そんな、〝恐怖《きょうふ》の動物〟は、ほとんど滅《ほろ》んでいったじゃないですか。それで、みんな、姿を変えてきたんですよ。昔の恐竜型のものは、地球に来たら、食糧が多かったので、いったん巨大化《きょだいか》しましたが、そのあと、滅んでいます。そして、今の象とか、いろいろな動物に生まれ変わっていったんです。

われら猫族の場合は、虎やライオンのほうに野生化していったものと、ペット化していったものとに分かれていきましたが、元はスペース・ピープルの仲間であるんです。

こんな言い訳、通じるかしら？

司会　ええ。とてもよく分かりました。

猫型宇宙人　言葉が通じるペット、いるでしょう?

司会　はい。

猫型宇宙人　あれ、みんな宇宙人なんです。元宇宙人の子孫《しそん》なんです。

司会　新しい秘密を教えていただき、本当にありがとうございます。

猫型宇宙人　これが、今、人口が増えている理由です。地球の人口が百億人まで行ったら、きっと、そのうちの三十億人は、そういうペットから進化した者ですね。

司会　多いですね。

猫型宇宙人　名犬ラッシーとか、いるでしょう。犬だって、あのような感じの賢《かしこ》いものがいるし、盲導犬《もうどうけん》でも、人間より賢い盲導犬はたくさんいるでしょう？　買い物ができたり、地下鉄に乗れたりする賢い盲導犬がいるでしょう？

司会　そうですね。はい。

猫型宇宙人　あんなのは、変な人間より、よっぽど役に立ちますよね。彼らは、知能も高いし、愛の仕事を実践《じっせん》しているんですね。

「心の正しさ」を護《まも》ることが、魂《たましい》のレプタリアン化を防ぐ唯一《ゆいいつ》の手段

猫型宇宙人　だから、知ってほしいのは、レプタリアンの星で、人間らしい生活を送るためには、もう、本当にごく限られた姿しかありえないということです。獲物《えもの》になることも辞さず、身を挺《てい》して心の正しさを護《まも》り、愛と慈悲《じひ》の心で生き、自己犠《ぎ》牲《せい》の心を持ち続けることが、レプタリアン化することを防ぐ唯一《ゆいいつ》の手段なのです。

それができなかった者は、レプに生まれ変わることになるわけです。

司会　そうですか。

猫型宇宙人　そういう魂《たましい》は、次はレプに生まれ変わっていくんですね。われわれには大した科学技術はありませんけれども、われわれは、科学技術よりも、「心」のほうを大事にしてきた生き物であるのです。（Eに）すみません。なんかショックを……。

司会　大丈夫《だいじょうぶ》ですよ。

猫型宇宙人　本人はショックかもしれないですけど、〝ペット〟として、かわいがってくれれば、私はもう十分ですので……。

司会　一緒に修行していきますから、大丈夫ですよ。みんな優《やさ》しいですから、大丈夫です。

猫型宇宙人　食べないでね。

司会　大丈夫です。はい。

猫型宇宙人　（会場を見ながら）このなかで食べそうな人は……。

司会　大丈夫です、大丈夫です。そういう人は、いませんから。

猫型宇宙人　食べそうな人はいないですかね。

司会　いないです。はい。

猫型宇宙人　総合本部には、（元レプタリアンの地球人も）たくさんいますからね。食べるかもしれない……。

司会　みなさん、優しいですし、護《まも》ってくれますから。

猫型宇宙人　でも、最近、ポスターを貼《は》っている人（収録当時の幸福実現党党首のこと）、私、怖くてしかたがないんです。あの方のポスターを見たら、私、食べられそうな感じがして怖いんです。とっても怖いんです。

司会　大丈夫です、大丈夫です。外に向かって吼《ほ》える方ですので。

猫型宇宙人　そうですか。ポスターの前を通るたびに、何か背中の毛が立つんです。もう、つらいです。食べられるような感じがしてしかたがないんですけど、あのような方で選挙に勝てるんでしょうか。

司会　役割ですから。今、会の外に〝怖い人〟がたくさんいるので、あのような方が護ってくれているんですよ。

猫型宇宙人　ああ、そうですか。

司会　そうなんです。はい。今日は、ありがとうございました。

猫型宇宙人　私《わたくし》は、奉仕者として一生を送りたいと思っておりますので、よろしくお願いいします。

でも、「前世《ぜんせ》が猫だった」というわけではありませんからね。人間として生まれております。「大昔に連れて来られた」ということを言っているだけですので……。

司会　はい。分かっています。大丈夫です。今日は、ありがとうございました。

大川隆法　はい。（Eに）すみませんでした。失礼、申し上げました。

あまりに当たっていたので、少しつらいです。ごめんなさいね。つらかったですか。嘘を言うことはできないので、許してくださいね。

司会　かわいらしかったですよ。癒し系なのではないでしょうか。

大川隆法　かわいらしいよね。とても色気のある感じでした。

［注］霊体《れいたい》として地球に移住してきた宇宙人は、いきなり地球人の肉体（胎児《たいじ》）に宿って生まれることが難しいときに、まず、「生きている人間の肉体を乗っ取り、霊体として支配する」という、憑依《ひょうい》のようなスタイルをとる場合があり、これを「ウォーク・イン」という。『「宇宙の法」入門』『宇宙人との対話』第2章参照。

第6章

「宇宙最強」を名乗る蟹座《かにざ》の宇宙人

［二〇一〇年六月十八日収録］

蟹座《かにざ》から来た宇宙人

蟹座にある星々のうち、具体的にどの星の宇宙人かは不明。なお、数億年前、エル・カンターレが蟹座から地球に招来した九次元霊《れい》として、モーリヤ（モーセ）がいる（『太陽の法』第1章参照）。

［対象者（男性）はFと表記］

［質問者二名はA（第1章の対象者）・Gと表記］

天才しかいない「宇宙最強の星」からやって来た

（Ｆが席に着く）

司会　最後の方をお願いいたします。

大川隆法　はい。それでは、お願いします。

（合掌《がっしょう》ののち、Ｆに両手をかざす。約二十秒間の沈黙《ちんもく》）

これは、ちょっと面白《おもしろ》いかもしれません。

（Ｆに右手をかざす。約十秒間の沈黙）

これはちょっと変わっていますね。

では、心を調和してみてください。

（合掌して、深呼吸を四回行い、Ｆに右手をかざす）

この者に宿りたる宇宙の霊《れい》よ、この者に宿りたる宇宙の霊よ、この者に宿りたる宇宙の霊よ。私の声が聞こえましたら、反応を示してください。この者に宿りたる宇宙の霊よ、この者に宿りたる宇宙の霊よ。

（Ｆに両手をかざす。約二十秒間の沈黙）

何か話ができそうでしたら、合掌の手を上に上げ、難しそうでしたら、下げてください。

（約五十秒間の沈黙ののち、Ｆに右手をかざす）

この者に宿りたる宇宙の霊よ、できるだけ前のほうに出てきてください。前のほうに、表面意識のほうに出てきてください。表面意識のほうに出てきてください。

（約十秒間の沈黙）

駄目《だめ》ですね。では、私のほうで受けます。

（合掌する。約十秒間の沈黙）

蟹座の宇宙人　フッ！　フンッ！

司会　あなたは、どちらの星から来られた方ですか。

蟹座の宇宙人　ええっ？　「宇宙最強の星」だよ。うん。

司会　今まで、出てきたことはありますか。

蟹座の宇宙人　んっ？

司会　今までの宇宙人リーディングのなかで、あなたと同じ星の方が出てきたことはありますか。

蟹座の宇宙人　ないんじゃないかなあ。うーん。

司会　では、何という星から来られたのですか。

蟹座の宇宙人　ああ、私はねえ、蟹座という所から来てるんですけどね。今まで聞いたことがないように思うんですが。

司会　ありませんね。はい。

蟹座の宇宙人　蟹座という所から来ている者なんです。

司会　どのような姿をされているか、教えていただけますか。

蟹座の宇宙人　蟹ではありませんよ、言っておきますけどね。蟹ではありませんからね。

われわれの星には、天才しかいないんですよ。ま、天才の集団ですね。宇宙における天才の集団がいる星です。

われわれは、自分の星にいながら、「全銀河の要所要所で、どういう星のスター・ピープルが、どういう進化速度で、どのように活動しているか」というのを、手に取るように全部つかんでいるんですよ。

さらに、宇宙のレベルでは、いろいろな銀河があり、それぞれの銀河のなかでメシア（救世主）がいますけれども、「それぞれのメシアが、どの段階にあり、どれだけの文明をつくっているか」というようなことを全部見ていて、測定しているのです。

そういう……、何でしょうかねえ……、まあ、宇宙のなかの情報センターあるいはコントロールタワーのようなところですかね。

人間で言えば、前頭葉《ぜんとうよう》に当たるようなところに存在している者です。

司会　その星は、大きい星でしょうか。

蟹座の宇宙人　そうですねえ。規模的に見ると、地球の四倍ぐらいありますかねえ。

司会　人口も四倍ぐらいあるのでしょうか。

蟹座の宇宙人　人口はですねえ……。

地球ほどは海がなく、海は全体の三分の一ぐらいですので……。

まあ、いや、われわれのように高度に進化した者と、そこまで行っていない者と、多少、種族の間に身分格差はあるのですが、実は、最高に進化した者たちは、みな、「宇宙の神」として派遣《はけん》されているんですよ。

最高度に進化した人たちは、「アデプト（目覚めた者）」と言われ、悟《さと》りを開いた救世主、もしくは救世主予備軍として、宇宙のいろいろな星に送られています。

「それぞれの星へ、責任を持たせて派遣し、指導者として育てている」という、指導者養成所のような星なんですね。

司会　その星では、どういう方向の教えが説かれているのでしょうか。

蟹座の宇宙人　うーん、教えには多面性がありますからね。

ここ（幸福の科学）にも、「七色光線《なないろ》」とかがありますけれども、いろいろな方向性の教えがあるので、私たちは、「ある教えを、ここで実験したらどうなるか」「いろいろな環境《かんきょう》と、いろいろな性質を持ったスター・ピープルのなかで、その教えをやってみたらどうなるか」というようなことを測定し、その情報を持ち寄って、分析《ぶんせき》しています。そして、宇宙の進化計画を司《つかさど》っているのです。

だから、普通《ふつう》の星の人たちから見れば、われわれは、みな、もう、「神様の仲間だ」と見られていると思います。ほとんどね。

ナポレオンやガリレオも、この星の出身

司会　あなたの星から地球に来た方は、たくさんおられるのでしょうか。

蟹座の宇宙人　そうですねえ、地球には何人ぐらい来ていますかね……。やはり、地球に送ってきている人数は、百人ぐらいだと思いますけれども。

司会　そのなかに、有名な方はいらっしゃいますか。

蟹座の宇宙人　それは、たくさんいると思います。

司会　私たちの知っているような名前の方はおられますか。

蟹座の宇宙人　そうですねえ、まあ、いろいろなジャンルにいるんですよ。一種類ではありませんので。

どのジャンルが知りたいですか。

司会　それでは、政治経済界はどうでしょうか。

蟹座の宇宙人　政治経済界ですか。そうですねえ。最近で言えば……、まあ、これは最近でもないか。政治経済界というと、魂的《たましいてき》には古いんですけれども、ナポレオンは、われわれの星から来た人間の一人ですね。

彼は、必ずしも神のように扱《あつか》われていないかもしれませんが、フランスのいちばん輝《かがや》いていた時代をつくったのは間違《まちが》いないですよね。まあ、あのクラスの人を出している星です。

司会　そうですか。

蟹座の宇宙人　ええ。あと、科学だと、ガリレオとかも、私の星から来た人間の一人ですね。

まあ、われわれが地球に生まれたら、みな、普通は天才になります。そのくらい差があるんですよ。

頂点にいる「ミスターX《エックス》」は、宇宙のメシアの〝勤務評定〟をしている

司会　あなたの星は、「いろいろなジャンルの指導者を送り出している」ということですが、そうした人たちを、さらに指導されている方というのは、どのような方でしょうか。

蟹座の宇宙人　それはねえ、われわれが言うのは、ちょっと、はばかられるんですが、メシアの〝勤務評定〟をしているような、そのくらいのレベルの方がいらっしゃるはずですね。でも、それは「ミスターX《エックス》」であって、われわれは、その名を語ることが許されていません。

司会　何次元のご存在でしょうか。

蟹座の宇宙人　分かりません。

司会　分からないんですか。

蟹座の宇宙人　分からないです。宇宙のメシアの仕事レベルや進化度までを測定している存在が、われわれの頂点にいるはずですが、われわれは、その名を知りません。

司会　あなたの星の頂点にいる方と、地球のエル・カンターレとは、どういう関係になるのでしょうか。

蟹座の宇宙人　うーん、そうですねえ。われわれの指導者のトップをアメリカの大統領だとすると、エル・カンターレは日本の首相ぐらいなんじゃないですか。

司会　うーん……。

蟹座の宇宙人　そのくらいの感じに思えます。
われわれは、その方の姿を見ることができないし、声を聞くこともできません。直接、接触《せっしょく》できないので、よく分からないのですが、われわれの星は、メシア養成所の機能を持っている〝シンクタンク〟なので、格は高いと思います。

それぞれの星の指導者たちが、肉体を卒業して集まってきている

司会　肉体を持っていない星ということでしょうか。
蟹座の宇宙人　肉体を持っている存在もいますが、上のほうには、肉体を卒業して存在している者が多いですね。
要するに、それぞれの星の〝卒業生〟たちなのです。人類を持っている星はたくさんありますが、それぞれの星で修行《しゅぎょう》を終えた人たちが、われわれの星に来て、最終修行をしているんですね。

例えて言うと、現役《げんえき》の教師を辞《や》めて、教育委員会に来るようなかたちでしょうか。それぞれの星で指導者をしていた人たちが、肉体を卒業して、われわれの星に集まってきています。そういう星が蟹座のなかにあるんです。はい。

司会　モーセ様が、かつて、いらした星でしょうか。

蟹座の宇宙人　うーん、そうですね。ただ、彼は最高ではないのでね。彼は、軍隊で言えば、どうでしょう、「将軍の一人」というぐらいのレベルですかね。大将でもないし、参謀《さんぼう》総長でもない。いちばん上ではないですね。モーセは、将軍ぐらいのクラスです。

司会　あなたは、地球には、いつごろ来られたのでしょうか。また、どのような目的で来られたのでしょうか。

蟹座の宇宙人　私が来たのは、今から三千年ぐらい前だと思います。三千年ぐらい前に、エジプトのほうに来ました。エジプトの最盛期に近いころかと思いますけれども、そのころに、地球に来ました。

私は、宇宙船でやって来たのですが、まあ、ピラミッド等の遺跡《いせき》のなかに、その宇宙船とかが、いろいろと刻まれていると思います。そして、天文学とか、いろいろなことを教えましたね。

司会　エル・カンターレとは、どのようなご縁《えん》でしょうか。

蟹座の宇宙人　まあ、上のほうの関係は、私には、もうひとつ分からないところがあります。はっきりとしたことは言えないんですけれども、私たちの星の「ミスターX」は、おそらくエル・カンターレの親族か何かに当たる人だと思います。

「地球レベルでの救済組織」に向け、教団の進化速度を上げたい

司会　今世《こんぜ》のあなたの使命は、どういうところにあるのでしょうか。

蟹座の宇宙人　そうですねえ。まあ、幸福の科学の遅《おく》れているところを直したいと思っています。もう少し構造改革をして未来型組織に変えるということです。「地の果てまでも伝道せよ。」と言われていますが、本当に、地球レベルでの救済組織をつくるんでしたら、こんなレベルでは、とてもではないけれども、無理です。今のままでは、この時代が終わってしまいます。

したがって、もう一段、進化した組織運営形態をつくり、発展の速度を速めることを使命にしたいと考えております。はい。

今のままでは、幸福の科学はローカル宗教で終わってしまう可能性が極《きわ》めて高いので、私は、そこに使命感を感じています。

このままでは、エル・カンターレは、地球の神様のワン・オブ・ゼム（one of them）になってしまう可能性が高いのですが、そういうわけにはいかないのです。教団の進化速度を上げなければいけません。

私から見たら、もう、みんな牛車《ぎっしゃ》を引いて、ゆっくり動いているようにしか見えないのです。これでは、とてもではないけれども駄目なので、今、「速度を上げるために、教団全体の経営レベルから、運営レベル・計画レベル等に至るまでメスを入れていける立場に立ってやってみたい」というように考えています。はい。

司会　（Fに質問を促《うなが》す）

F――　そうですね。質問は山ほどありますが、絞《しぼ》るとすれば、そうですねえ。私というか、あなたは、エル・カンターレの、どの教えを学ぼうとされていますか。

蟹座の宇宙人　そうですねえ。まあ、面白いのは、やはり、あれだと思うんですよ。「七色光線」といって、違った傾向《けいこう》を持った教えがあるじゃないですか。そして、違った傾向の教えによって、それぞれの性質に合った人たちを、それぞれ発展させようとしているじゃないですか。そのように、多様でありながら、進化を目指しているようなところが、実に面白いなと見ているんですよ。

進化を目指そうとすると、「競争してライバルを消していき、強いものが一つ残っていく」というスタイルになるのが、一般形式《いっぱんけいしき》ですよね。しかし、エル・カンターレは、「多様なかたちを残しながら進化させよう」と努力されているので、こういうところは、とても異次元的だなと感じているのです。そういう、何と言うか、立体的な考え方のようなものを上手に生かしたいと思っています。

だから、「ワンパターンの人間ばかりが神様になれるという感じではなく、多様な価値観のなかで進化を目指していける、そういう効率的なシステムを、どのようにしてつくり上げるか」というようなところを、ちょっと、手伝いたいと思います。

それと、やはり、全体の組織が……。まあ、これは幹部のせいだと思いますが、元いた会社のカルチャーのようなものを、そうとう教団に持ち込《こ》んできているし、その持ち込んだカルチャーはかなり老朽化《ろうきゅうか》しているように、私には見えるのです。まあ、官僚《かんりょう》組織ほど、ひどくはないかもしれませんけれどもね。

「自分の元いた会社のカルチャーはよい」と思って持ち込んだのでしょうが、元いた会社はかなり老朽化した会社でしょうから、それを教わった若い人たちは、やはり、気の毒です。ですから、この洗脳を解いて、もう一回、やり直さなければいけないと思っております。

そして、立体的な発展というか、多様な発展というか、そういう形式をシステム化できたら、面白いなと思っています。

F――　あなたは、七色光線のなかの、どの分野が得意なのでしょうか。

蟹座の宇宙人　そうですね。まあ、それを言うと正体がばれるから、言いにくいところはあるんですけれども……、「赤」です。どちらかと言えば、「赤」〔注1〕ですね。

アイアンマンのような姿で全宇宙を飛び回っている

F――　先ほど、訊《き》き忘れたのですが、外見はどういう感じでしょうか。

蟹座の宇宙人　ああ、外見ですね？　ハッ、ハハハハハ。外見は、あれなんです。私はですね、地球に来たとき、肉体は、もう、すでに持っていなかったんです。

つまり、その星には、霊体《れいたい》として住んでいました。もちろん、その星には、肉体を持っている種族も住んでいますが、一定の星を指導してきた人たちが、霊体として集まってきているんです。

実は、私たちが住んでいる宇宙は、三次元宇宙だけではありません。四次元宇宙、五次元宇宙、六次元宇宙、七次元宇宙、八次元宇宙というように、多次元宇宙になっており、その多次元宇宙すべてに目を光らせているんです。特に遠隔地《えんかくち》から地球に来る場合は、八次元ルートぐらいを通らないといけないので、その辺りまでの交通管制をやっています。

日本だと、日本ではなくて地球だと、リエント・アール・クラウドや孔子《こうし》が、その仕事に当たっていると言われていますが、われわれの星にも、そういうものを相手にする窓口はちゃんとあります。

まあ、全銀河に、人材を派遣する星として、指導者を派遣する星として存在しているので、われわれの星の住人は、どちらかと言うと、四次元、五次元、六次元、七次元、八次元と、上へ行くほど人数が多くなっていくんです。下の次元には、ほんの少し、観察相手用として住んでいますけどね。

要するに、霊界のほうが生活場であると思っているので、姿と言われても、それを緻密《ちみつ》に説明するのは難しいのです。ただ、あなたがたの想像心をかき立てて、あえて、「こういうのが似ている」という言い方をするとしたら……、今で言うと、(アメリカ映画の)アイアンマンのような姿にやや近いでしょうかね。あのような感じを想像していただければ結構です。あのような感じで、全宇宙を飛び回っている感じに近いかなと思いますね。

ですから、たくさんの人がいろいろな星を渡《わた》り歩いていますが、そうした人たちを監視《かんし》・監察し、コントロールしているところもあるのです。これは、ある意味で、宇宙のなかの秘密のセクションであり、侵《おか》しがたいところです。まあ、霊界にある

「蟹座の宇宙人」想像図

ので、侵せませんけれどもね。

いわゆる宇宙船では破壊《はかい》できないセクションなんですね。そういう聖域、聖場《せいじょう》です。まあ、宇宙のなかのメッカというか、一種のカーバ神殿《しんでん》ですね。そのようなところにいます。

直近では「水爆《すいばく》の父」サハロフ博士《はかせ》として生まれた蟹座の宇宙人

私の使命は、幸福の科学の進化速度を速めること、そして、エル・カンターレに本来の使命をきちんと果たしていただくことです。

悠長《ゆうちょう》にしていられるほど、時間は残っていないと思います。今いる五十年配の幹部たちに任せていたら、エル・カンターレは地方神で終わってしまう可能性があります。「日本にある、いろいろな教団の教祖の一人」というような感じで終わってしまい、死んだあと、『広辞苑《こうじえん》』に、二、三行ぐらいの解説が書かれ、それで終わってしまう可能性があるのです。

私としては、それでは許せないので、われわれの星の智慧《ちえ》をきちんと導入し、それなりの仕事をしていただかないといけないと思っています。はい。

司会　（会場に向かって）何か質問したい方はいますか。大丈夫《だいじょうぶ》ですか。

大川隆法　ないですか。ん？　まだある？　はい、どうぞ。

G――　○○さん（F）は、当会の進化のために生まれてこられたということですが、直近で、地上に生まれたときのお名前が分かれば、教えてください。

大川隆法　（合掌・瞑目《めいもく》し、霊査《れいさ》に入る）

○○（F）の直近の名前は何でしょうか。ほかの方が偉《えら》いのはよく分かりましたが、この人の生まれたもので……。

（約二十秒間の沈黙）

大川隆法　ん？　うーん。当たっているのかな。これは本当かな。うーん。サハロフ［注2］という人はもう死んでいますか。生きている？　その関係の人かな……。この人はロシア人で、「水爆《すいばく》の父」じゃないですか。

A――　ああ、サハロフ博士《はかせ》ですね。

大川隆法　うん。そうか、死んでいますね。では、ソ連で水爆をつくった人ですか。おお、〝怖《こわ》い〟。それはすごい。なるほど、「進化」だ。

司会　（Fに）最後に何かありますか。

F――　レプタリアンの進化とは違うわけですね？

大川隆法　（蟹座の宇宙人は）「私たちは、肉体を持っていないので、レプタリアンとは違います」と言っていますね。

「私は、ちょっと場所は違いますが、アインシュタインのようなものです。進化は進化なんですけれども、また、文明実験もやってはいるけれども、全体の成績を見て、きちんとやっております」と言っています。

うーん。では、当会で〝水爆〟をつくらなければ（笑）。ああ、そうか。そう言えば、当会では最近、「防衛兵器をつくれ」と提言していますね。

A―― サハロフ博士は、共産党とは、ちょっと……。

大川隆法 そうですね。共産党と袂《たもと》を分かっていますね。もしそれに何か関係があるようであれば、次の戦争対策あたりが、今世の使命でしょうか。

A―― 博士は、悪い思想（マルクス主義）には染まっていなかったと思います。

大川隆法 今、当会では、防衛体制の確立を訴《うった》えているので、きっと、そのあたりで智慧が出てくるのでしょうか。

A――　何かをつくり出すとか。

大川隆法　そうですね。何かを考えるのかもしれませんね。日本の植民地化を防止するつもりでいるのかもしれないですね。確かに、日本が植民地化されれば、この宗教にも終わるときが来ますからね。

なるほど。何か考えているのでしょう。おそらく、そうでしょうね。幸福の科学大学と関係があるかもしれませんし。

司会　二十一世紀の偉大《いだい》な発明をして、地球を護《まも》る使命が……。

大川隆法　その偉大な発明家を養成する仕事をするかもしれません。

司会　スケールの大きな仕事をするかたちでしょうか。

大川隆法　そうですね。ドクター・中松《なかまつ》より偉くなってほしいですね。

この人は、何か、異次元発想をするのではないでしょうか。

A——　天才でしょうから。

大川隆法　きっと、異次元発想をするのでしょう。

確かに、今はニーズとして、そういう人材が求められています。幸福実現党のほうでも、防衛力の強化を言っていますし、また、日本の未来産業をつくるために、科学技術的な発展の重要性もそうとう言っているので、そういうことを考える人も、人材的に必要なのは間違いないのです。次の世代の核《かく》になるような人は必要でしょうね。

この感じで行くと、「何かを考える」のが、この人の仕事かもしれません。

今、幸福実現党はいろいろな政策を発表していますが、立案している人たちは、実際には実行できないでしょう。現実にやるのは、おそらく、次の世代の方々でしょうからね。

A――　成長戦略の具体的な設計図というか、新産業の設計図をつくっていかないといけませんので……。

大川隆法　うーん、まあ、言っていることが本当であれば、天才のはずだから、何か、それなりのものが出てくるでしょう。

司会　そうですね。はい。

大川隆法　最高度に進化した未知の星。蟹座の惑星《わくせい》XかYかは知りませんけれどもね。

司会　今日は、長い時間、本当にありがとうございました。

大川隆法　ありがとうございました。

［注1］仏の七色光線のうち、赤色光線は、政治的指導者など、世の中を律していく指導者を導いている光線である。『永遠の法』（幸福の科学出版刊）第6章参照。

［注2］霊言中、Fの前世が、水爆の父・ソ連のサハロフ博士（一九二一～一九八九）であるように語っているが、年代的には、本人と、二、三年重複している。これは、地球上の通常の「魂の兄弟」理論とは違って、自在に分光《ぶんこう》するタイプの宇宙人魂かと思う。時代的に急ぐので、通常より早めに生まれたものと思われる。

あとがき

宇宙探査機を使ってもできない調査が、超能力を用いてなしとげられようとしている。

いずれ近未来は、実物の宇宙人との交流の時代が来るであろう。私の宇宙人シリーズが未来の人類の考える材料、バイブルともなることを祈っている。

二〇一一年　四月二十六日

幸福《こうふく》の科学《かがく》グループ創始者兼総裁《そうししゃけんそうさい》　大川隆法《おおかわりゅうほう》

『宇宙からの使者』大川隆法著作関連書籍

『太陽の法』（幸福の科学出版刊）
『「宇宙の法」入門』（同右）
『宇宙人との対話』（同右）
『宇宙人リーディング』（同右）
『宇宙からのメッセージ』（同右）

宇宙《うちゅう》からの使者《ししゃ》 ──地球来訪の目的と使命──

2011年5月22日　初版第1刷

著　者　　大《おお》川《かわ》隆《りゅう》法《ほう》

発行所　　幸福の科学出版株式会社

〒142-0041 東京都品川区戸越1丁目6番7号
TEL(03)6384-3777
http://www.irhpress.co.jp/

印刷・製本　株式会社 堀内印刷所

落丁・乱丁本はおとりかえいたします
©Ryuho Okawa 2011. Printed in Japan. 検印省略
ISBN978-4-86395-120-4 C0014
Photo: ©gl0ck ©Kirsty Pargeter (Fotolia.com)
Illustration: 水谷嘉孝

大川隆法 最新刊・宇宙と超古代文明

宇宙からのメッセージ

宇宙人との対話 Part2

なぜ、これだけの宇宙人が、地球に集まっているのか。さまざまな星からの来訪者が、その姿や性格、使命などを語り始める。

［第一部］
第1章　宇宙時代と仏法真理
第2章　"草食系"のレプタリアン
第3章　イエスを復活させたベガ星人
第4章　「青いキツネ」と呼ばれたドゴン人
［第二部］
第5章　「宇宙人との対話」の意義
第6章　"宇宙間商社マン"のプレアデス星人
第7章　「美の女神」の金星人
第8章　月から来た宇宙人（元タコ型火星人）

1,400円

アトランティス文明の真相

大導師トス　アガシャー大王　公開霊言

信仰と科学によって、高度な文明を築いたアトランティス大陸は、なぜ地上から消えたのか。その興亡の真相がここに。

第1章　大導師トスとアトランティスの全盛
宇宙文明との融合が進んでいたアトランティス／タイタンやオアンネスなどの人種も存在していた　ほか

第2章　アガシャー霊言によるアトランティス滅亡の真実
科学技術の中心は、ピラミッド・パワーと植物の生命エネルギー／人間の創造実験と異星人との交流　ほか

1,200円

※表示価格は本体価格（税別）です。

大川隆法ベストセラーズ・宇宙人シリーズ

宇宙人リーディング

よみがえる宇宙人の記憶

イボガエル型金星人、ニワトリ型火星人、クラリオン星人、さそり座の宇宙人、エササニ星人が登場。大反響「宇宙人シリーズ」第３弾！

1,300円

宇宙人との対話

地球で生きる宇宙人の告白

プレアデス、ウンモ、マゼラン星雲ゼータ星、ベガ、金星、ケンタウルス座α星の各星人との対話記録。彼らの地球飛来の目的とは？

1,500円

「宇宙の法」入門

宇宙人とＵＦＯの真実

あの世で、宇宙にかかわる仕事をしている６人の霊人が語る、驚愕の真実。宇宙から見た「地球の使命」が明かされる。

1,200円

幸福の科学出版

大川隆法ベストセラーズ・人生の目的と使命を知る

太陽の法

エル・カンターレへの道

創世記や愛の段階、悟りの構造、文明の流転を明快に説き、主エル・カンターレの真実の使命を示した、仏法真理の基本書。

2,000円

黄金の法

エル・カンターレの歴史観

歴史上の偉人たちの活躍を鳥瞰しつつ、隠されていた人類の秘史を公開し、人類の未来をも予言した、空前絶後の人類史。

2,000円

永遠の法

エル・カンターレの世界観

『太陽の法』(法体系)、『黄金の法』(時間論)に続いて、本書は、空間論を開示し、次元構造など、霊界の真の姿を明確に解き明かす。

2,000円

※表示価格は本体価格(税別)です。

大川隆法ベストセラーズ・あらゆる宗教の壁を越えて

真実への目覚め

幸福の科学《ハッピー・サイエンス》入門

2010年11月、ブラジルで行われた全5回におよぶ講演が待望の書籍化！　いま、ワールド・ティーチャーは、世界に語りはじめた。

1,500円

教育の法

信仰と実学の間で

深刻ないじめの問題の実態と解決法や、尊敬される教師の条件、親が信頼できる学校のあり方など、教育を再生させる方法が示される。

1,800円

救世の法

信仰と未来社会

信仰を持つことの功徳や、民族・宗教対立を終わらせる考え方など、人類への希望が示される。地球神の説くほんとうの「救い」とは――。

1,800円

幸福の科学出版

幸福の科学グループのご案内

宗教、教育、政治、出版などの活動を通じて、地球的ユートピアの実現を目指しています。

宗教法人　幸福の科学

一九八六年に立宗。一九九一年に宗教法人格を取得。信仰の対象は、地球系霊団の最高大霊、主エル・カンターレ。世界約八十カ国に信者を持ち、全人類救済という尊い使命のもと、信者は、「愛」と「悟り」と「ユートピア建設」の教えの実践、伝道に励んでいます。

（二〇一一年五月現在）

愛

幸福の科学の「愛」とは、与える愛です。これは、仏教の慈悲や布施の精神と同じことです。信者は、仏法真理をお伝えすることを通して、多くの方に幸福な人生を送っていただくための活動に励んでいます。

悟り

「悟り」とは、自らが仏の子であることを知るということです。教学《きょうがく》や精神統一によって心を磨き、智慧《ちえ》を得て悩みを解決すると共に、天使・菩薩の境地を目指し、より多くの人を救える力を身につけていきます。

ユートピア建設

私たち人間は、地上に理想世界を建設するという尊い使命を持って生まれてきています。社会の悪を押しとどめ、善を推し進めるために、信者はさまざまな活動に積極的に参加しています。

国内外の世界で貧困や災害、心の病で苦しんでいる人々に対しては、現地メンバーや支援団体と連携して、物心両面に渡り、あらゆる手段で手を差し伸べています。

年間３万人を超える自殺者を減らすため、全国各地で街頭キャンペーンを展開しています。

ホームページ
http://www.withyou-hs.net/

ヘレン・ケラーを理想として活動する、ハンディキャップを持つ方とボランティアの会です。視聴覚障害者、肢体不自由な方々に仏法真理を学んでいただくための、さまざまなサポートをしています。

ホームページ
http://www.helen-hs.net/

INFORMATION

お近くの精舎・支部・拠点など、お問い合わせは、こちらまで！
幸福の科学サービスセンター
TEL. 03-5793-1727 (受付時間 火〜金：10〜20時／土・日：10〜18時)
ホームページ **http://www.happy-science.jp/**

教育

学校法人 幸福の科学学園

幸福の科学学園中学校・高等学校は、幸福の科学の教育理念のもとにつくられた学校です。人間にとって最も大切な宗教教育の導入を通じて精神性を高めながら、ユートピア建設に貢献する人材輩出を目指しています。

幸福の科学学園
中学校・高等学校（男女共学・全寮制）
2010年4月開校・栃木県那須郡

TEL 0287-75-7777
ホームページ
http://www.happy-science.ac.jp/

関西校（2013年4月開校予定・滋賀県）
幸福の科学大学（2016年開学予定）

仏法真理塾「サクセスNo.1」
小・中・高校生が、信仰教育を基礎にしながら、「勉強も『心の修行』」と考えて学んでいます。

TEL 03-5750-0747（東京本校）

不登校児支援スクール「ネバー・マインド」
心の面からのアプローチを重視して、不登校の子供たちを支援しています。

NPO 活動支援

学校からのいじめ追放を目指し、さまざまな社会提言をしています。また、各地でのシンポジウムや学校への啓発ポスター掲示等に取り組むNPO「いじめから子供を守ろう！ネットワーク」を支援しています。

ホームページ **http://mamoro.org/**
ブログ **http://mamoro.blog86.fc2.com/**
相談窓口 TEL.03-5719-2170

政治

幸福実現党

内憂外患《ないゆうがいかん》の国難に立ち向かうべく、二〇〇九年五月に幸福実現党を立党しました。創立者である大川隆法党名誉総裁の精神的指導のもと、宗教だけでは解決できない問題に取り組み、幸福を具体化するための力になっています。

党員の機関紙
「幸福実現News」

TEL 03-3535-3777
ホームページ
http://www.hr-party.jp/

出版 メディア 事業

幸福の科学出版

大川隆法総裁の仏法真理の書を中心に、ビジネス、自己啓発、小説など、さまざまなジャンルの書籍・雑誌を出版しています。他にも、映画事業、文学・学術発展のための振興事業、テレビ・ラジオ番組の提供など、幸福の科学文化を広げる事業を行っています。

TEL 03-6384-3777
ホームページ
http://www.irhpress.co.jp/

入会のご案内

あなたも、幸福の科学に集い、
ほんとうの幸福を
見つけてみませんか？

幸福の科学では、大川隆法総裁が説く仏法真理をもとに、
「どうすれば幸福になれるのか、また、
他の人を幸福にできるのか」を学び、実践しています。

入会

大川隆法総裁の教えを学ぼうとする方なら、どなたでも入会できます。入会された方には、『入会版「正心法語」』が授与されます。（入会の奉納は1,000円目安です）

三帰《さんき》誓願《せいがん》

仏弟子としてさらに信仰を深めたい方は、仏・法・僧の三宝への帰依を誓う「三帰誓願式」を受けることができます。三帰誓願者には、『仏説・正心法語』『祈願文①』『祈願文②』『エル・カンターレへの祈り』が授与されます。

植福《しょくふく》の会

植福は、ユートピア建設のために、自分の富を差し出す尊い布施の行為です。布施の機会として、毎月1口1,000円からお申込みいただける、「植福の会」がございます。

「植福の会」に参加された方のうちご希望の方には、幸福の科学の小冊子（毎月1回）をお送りいたします。詳しくは、下記の電話番号までお問合せいただくか、公式ホームページをご確認ください。

月刊
「幸福の科学」

ザ・伝道

ヤング・ブッダ

ヘルメス・
エンゼルズ

幸福の科学
サービスセンター

TEL. 03-5793-1727（受付時間 火〜金：10〜20時／土・日：10〜18時）
メール service@kofuku-no-kagaku.or.jp
ホームページ http://www.happy-science.jp/